地域批評シリーズ59

これでいいのか
新潟県新潟市

まえがき

2005年に周辺13市町村と合併し、晴れて政令指定都市に移行した新潟市。新潟市政が施行された1889年から比較すると、面積は約60倍、人口は約18倍にまで増加した。現在は8区で構成され、特徴が大きく異なるそれらの区は、それぞれで個性豊かなまちづくりを行ってきた。かつての亀田町や豊栄市、新津市、巻町は今でも旧制に対するこだわりが強く、産業構造や文化的風土も異なっている。ただ全体では米どころゆえに飯はうまいし、日本海の恵みによって新鮮な海産物も豊富。自然の豊かさでは、政令市の中でも群を抜いている。しかも本州日本海側で唯一の政令市とあって、県内外から人が流入する「ダム都市」としての期待を背負って、ニュー新潟市は華々しくスタートした。

だが、ここまでの経緯を辿ってみると、新潟市は防戦一方だ。人口は右肩下がりで減少し、2017年には、ついに80万人の大台を切ってしまった。死亡数が出生数を上回る「自然減」に加え、転出が転入を上回る「社会減」も増加傾向にある。若者が進学や就職の際には県外へと流出するという少子高齢化のモデルケースから抜け出せていないのだ。そして人がいなくなれば産業が先細りするのは当たり前で、新潟市の新規開業率は政令市で最低クラス。その上、驚くべきことに黒字であっても後継者不足で廃業するケースも増加。税収の減少による公共サービスの低下も叫ばれている。

そんな現状を打破すべく、新潟市は中心市街地の大改造に踏み切った。玄関口の新潟駅は南北の回遊性を高め、南口には中長距離バスターミナルも建設予定。旧大和跡地には古町ルフルがオープンし、あちこちでマンション開発も行われている。だが、市が進軍ラッパを威勢よく鳴らしても、市民の市政への目は冷ややかだ。モータリゼーション解消のために立ち上げたBRTは痛烈な批判を浴び、利用者が伸び悩むどころか、早くも「無用の長物」呼ばわりされている。そんな中で新潟市の大改造が成功し、魅力的な街に発展する可能性はあるのだろうか？　本書では、新潟市がこれまで辿ってきた歴史を掘り下げ、街の特徴や住民気質に迫りつつ、現在抱えている各区の問題点や課題をあぶり出していく。果たして新潟市は、直面している苦境を脱し、高く飛翔することができるのか。その可能性を探っていこう！

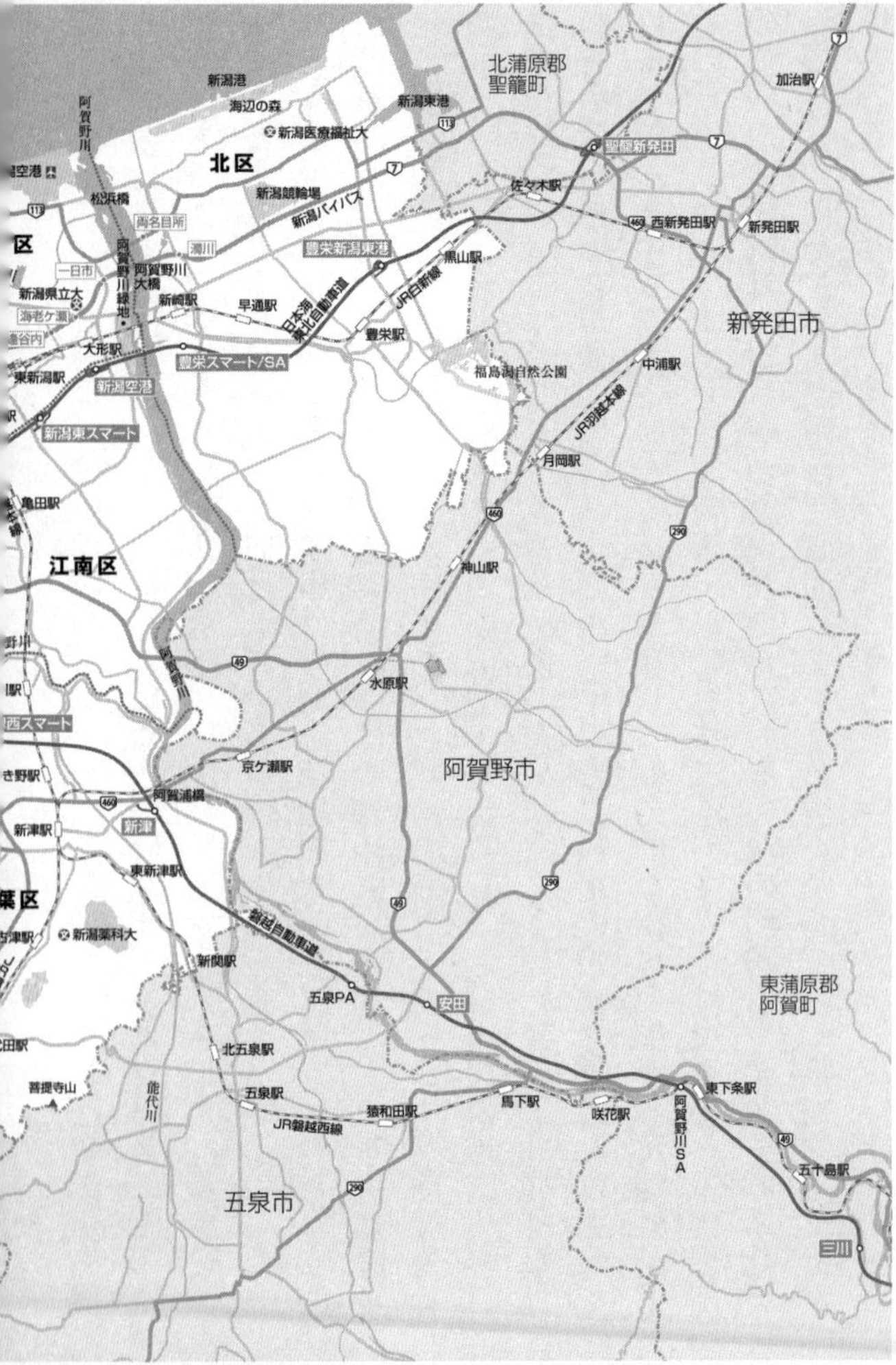

北蒲原郡
聖籠町
新潟港
海辺の森
新潟東港
新潟医療福祉大
加治駅
阿賀野川
北区
聖籠新発田
佐々木駅
新潟競輪場
新潟バイパス
松浜橋
西新発田駅
新発田駅
区
両名目所
濁川
豊栄新潟東港
阿賀野川緑地
阿賀野川大橋
黒山駅
一日市
JR白新線
新潟県立大
新崎駅
早通駅
日本海東北自動車道
新発田市
海老ケ瀬
豊栄駅
大形駅
豊栄スマート/SA
中浦駅
東新潟駅
新潟空港
福島潟自然公園
新潟東スマート
JR羽越本線
月岡駅
亀田駅
江南区
神山駅
水原駅
西スマート
阿賀野市
京ケ瀬駅
阿賀浦橋
新津
新津駅
東新津駅
新潟薬科大
磐越自動車道
新関駅
五泉PA
安田
東蒲原郡
阿賀町
北五泉駅
菩提寺山
能代川
五泉駅
馬下駅
咲花駅
東下条駅
阿賀野川SA
猿和田駅
JR磐越西線
五十島駅
五泉市
三川

新潟市地図

北
0
5km
日本海
新潟市歴史博物館
西海岸公園
新潟市水族館・
マリンピア日本海
新潟市役所
日本歯科大
青山海浜公園・関屋駅
白山駅
中央区
青山駅
新潟県庁
関屋分水路
新潟バイパス
桜木
鳥屋野
小針駅
寺尾駅
女池
黒埼
新潟中央
新潟西
新潟中央
JCT
新潟大
新潟大学前駅
内野浜海水浴場・
内野駅
新潟バイパス
亀貝
信濃川大橋
新通
内野西が丘駅
高山
西区
JR越後線
新潟
国際情報大
黒埼スマートPA
黒埼PA
越後赤塚駅
佐潟公園
北陸自動車道
JR上越新幹線
新潟市
越後七浦
越後七浦
シーサイドライン
上堰潟公園
越後曽根駅
角田山
仁箇堤
中ノ口川
南区
西蒲区
飛落川
新潟GC
巻駅
・白根総合公園
間瀬下山
海水浴場
巻潟東
大通川
JR越後線
岩室駅
多宝山
弥彦神社
弥彦山
北吉田駅
南蒲原
田上町
長岡市
弥彦駅
燕市
羽生田駅
西蒲原郡
弥彦村
矢作駅
JR弥彦線
JR弥彦線
吉田駅
西燕駅
信濃川
加茂市
三条市

新潟市基礎データ

地方	中部・北陸・甲信越・信越地方
総面積	726.46 平方キロメートル
人口	792,887 人
人口密度	1,091 人 /㎦
隣接自治体	新発田市・阿賀野市・五泉市・加茂市・三条市・燕市・長岡市・聖籠町・田上町・弥彦村・佐渡市（海上を隔てて隣接）
市の木	ヤナギ
市の花	チューリップ
市の鳥	ハクチョウ
市町村コード	15100-9
団体コード	25000-7
市庁所在地	〒 951-8550 新潟市中央区学校町通 1-602-1
市庁電話番号	025-228-1000

※人口は 2020 年 10 月 1 日現在推計人口

まえがき……2
新潟市地図……4
新潟市基礎データ……6
●第1章●【水と米と共にある新潟市の歴史】……13
新津丘陵と河川を中心に勢力争いが相次いだ古代と中世……14
新潟湊の水運と新田開発によって新町が誕生……22
新潟の近代化をリードした明治大正期の巨人たち……28
農工業促進の陰で発生した新潟水俣病……34
新潟市コラム1　新潟市歴史博物館でデート?……40
●第2章●【新潟市ってどんなトコ】……43

政令市移行で顕著になった新潟市の光と影……44
新潟県では都会なのに人口減少が止まらない！……52
超充実の道路網とぜい弱すぎる鉄道網……58
政令市になった新潟行政へのホントの評判……65
ヤンキー密集地帯が牙を抜かれたようにおとなしくなった……72
「新潟県の住みたい街」で新潟市がほぼ上位独占のわけ……78
一体何がオススメなの!? 新潟市のご当地グルメ事情……84
北陸(!?)の盟主争い 対金沢市で新潟市は勝てるのか？……90
地震や水害が発生しやすい！ 新潟市民に根づく防災意識……96

新潟市コラム2 『2万光年翔んで新潟』の映画化はある？……104

●第3章●【新潟市民ってどんなヒト】……107
越後農民をベースに各地区で異なる新潟市民気質……108
戦後に教育改革を先導した学閥のトンデモない現状……115

スポーツ好きな新潟市民を熱くさせるアルビブランド……122
なぜ新潟市に来たの？ 新潟移住者の本音……129

新潟市コラム3 爆破予告にも動じない新潟市民……134

●第4章●【吉と出るか凶と出るか 中央区の大開発！】……137
ついに万代口にメスが入る!? 新潟駅の大再開発に迫る！……138
計画段階なのに非難の嵐 バスタ新潟は本当に必要か？……149
ついに三越までも撤退 跡地利用が古町再生のカギを握る？……157
古町ルフルは再生のカンフル剤となれるか……163
自称東日本最大プロジェクト「ア」の有名ホテル降臨……170
閑古鳥が鳴く万代島を発展させる秘策とは？……176
ついにプロ球団誘致か!? 新潟グローバルドーム計画の実現性……184
突如出現したオシャレタウン ファミリー急増の上所に新駅ができる？……189

新潟市コラム4　沼垂テラス商店街が大人気!?……196

●第5章●【発展しきれない北区と東区の現状】……199
オンボロな北区役所が移転 そのウラに見え隠れする思惑……200
東区は日本屈指のスーパー激戦区 その仁義なき争いを徹底検証!……206
利用者が伸び悩む新潟空港の未来を探る……213

新潟市コラム5　ダチョウで一攫千金を狙え!……218

●第6章●【郊外の西区と田舎の西蒲区の明暗】……221
何かと不評なBRT 一番の被害者は西区民?……222
地元民の宝でもある佐潟復活をかけた「潟普請」……232
ド田舎タウンの新たな試み 西蒲映画って何だ!?……237
若い力をフル活用した にしかんプロジェクト……243

新潟市コラム6　ホワイトハウスの真の恐怖……248
●第7章●【バランス良しで伸びしろがある江南区】……251
JR江南駅ができたら江南区はどう変わる?……252
安月給が多い新潟市で高給取りがいる江南区……260
なぜ亀田には子育て世代が集まるのか……265
新潟市コラム7　袋津の迷路を使った街おこし……270
●第8章●【にぎわいをつくりたい秋葉区と南区】……273
薬科大学にかける新津のまちづくりとは!?……274
秋葉区と南区に広がるシャッター商店街の復活はあるか……280
市内屈指の農業タウン南区の地味な取り組み……288
新潟市コラム8　ニコニコ動画でまちづくり?……294

●第9章●【新潟市よ！ 今こそ復活へのリスタートの時だ!!】……297
政令市以降の「失われた15年」地に落ちた行政への信頼感……298
新潟市に興味なし！ 若者流出でダム都市決壊……304
繁栄の時代よ再び 市民目線の改造で活力を取り戻せ！……310
あとがき……316
参考文献……318

第1章
水と米と共にある新潟市の歴史

新津丘陵と河川を中心に勢力争いが相次いだ古代と中世

県内最初の米どころは新津地方だった⁉

日本に稲作が伝わったのは紀元前3世紀ごろ。朝鮮半島から渡ってきた弥生人が九州から西日本を中心に稲作を広めていったとされている。新潟県といえば米どころだが、歴史を辿ると、県内で稲作が始まったのは新潟市内だともされている。

当時の新潟地方は、青森県で成立していた亀ケ岡文化の影響を色濃く受けており、東日本や北日本と同様に狩猟採集社会が成熟し、稲作の必要性がそれほど高くなかった。だが、西日本を中心とした弥生文化が流入してくるにつれ、次第に稲作を行うムラもちらほらと現れるようになった。その痕跡が残されている代表的な史跡が、西区の緒立遺跡や西蒲区の御井戸遺跡である。弥生時代中期までは、まだ狩猟採集が中心だったようだが、確実に新潟市域で稲作が芽生えていたのである。

この頃、現在の秋葉区に広がる新津丘陵や角田山麓には高地性集落が次々と形成されていった。そのなかに大和王権の強い影響を受けた古墳が造られた。そのひとつが、全長60メートルで県下最大の規模を誇る古津八幡山古墳である。

やがて大和政権が成熟してくると、新潟市域は「越国」として取り扱われたが、そのエリアが広すぎることなどを理由に、７世紀末には「越後国」に分類されるようになる。越後国には、かつての東北との繋がりから蝦夷も多くいたそうで、大和王権からは常にマークされていた。それを指し示すように、渟足柵や石船柵もこの時期に修繕され、蝦夷との戦闘や懐柔が進められた。渟足柵は、今も沼垂という地名として残されている。その場所は定かにはなっていないが、現在の新潟空港近くにあったのではないかと想定されている。

国・郡・郷を単位とする地方制度が整うと、阿賀野川を境に北が越後国沼垂郡、南が越後国蒲原郡になる。また、ほぼ同時期に、新津丘陵に鉄・須恵器を生産するムラ、信濃川左岸の的場にサケを漁獲し加工するムラが成立した。沼垂郡で獲れたサケは、10世紀末に至るまで、都や朝廷に献納する特産品となった。現在の沼垂では、まったく鮭漁は行われなくなってしまったが、実は1930年代まで続けられていた伝統産業でもあったのである。

このように、現在の新潟市を代表する「米どころ」「交通の要衝」「海産物」といった特徴は、古代の頃からその礎が築かれていたのである。

有名武将たちによる勢力争いが続発

平安時代の末期以降、阿賀野川以北に豊田荘や白河荘、新津丘陵周辺に金津保や青海荘、角田山周辺に弥彦荘・吉田保などの荘園・保（国衙領）が成立していった。こうした荘園の開発には越後国の武士が携わったが、なかでも有力だったのは城氏である。

城氏は、桓武平氏の平維茂の子孫にあたり、現地の有力農民や豪族たちを従えて、一帯を支配するようになっていた。他の北陸地域と同様に、新潟も城氏

古代の出来事

年	出来事
1万4000年前	新津周辺や角田山麓で狩猟採集社会が築かれる
縄文時代前期	越後平野の原型ができる
3000年前ころ	北陸や東日本系との交流がはじまる
300年ころ	蒲原地方を中心に巨大な首長墓が築かれる
550年ころ	畿内政権によって「高志深江」の国造が任命
647年	渟足柵が築かれる
668年	天智天皇へ石油などを献上する
784年	蒲原郡の三宅連笠雄麻呂が従八位上を与えらえる

※各種資料により作成

中世の出来事

年	出来事
平安時代末期	蒲原津周辺に荘園や保が成立
1181年	木曽義仲が攻め入る
1185年	越後・伊豆など6国が関東分国になる
1201年	城長茂らが木曽義仲を討とうとするも戦死
1221年	承久の乱がおこる
1340年	新田義宗、越後に挙兵。上杉憲顕が越後守護になる
1520年	新潟津が蒲原津に代わって隆盛
1580年	木場城が築城される
1581年	新発田氏が新潟津を占拠する

※各種資料により作成

をはじめとした平家一族の強い支配下にあったが、源平合戦の際に木曽義仲と源氏に取って代わられた。長く反抗していたため、鎌倉時代には頼朝が国司を決めて支配できる関東御分国となり、越後国は頼朝による支配が色濃くなっていった。こうして越後の武士は一掃され、越後の荘園は関東の御家人に与えられた。新潟と関東との深いつながりは、鎌倉幕府の成立が大きく関係しているともいえるだろう。鎌倉時代の新潟は、完全に関東色に染められていったのだ。

だが、鎌倉幕府が倒れ、南北朝の動乱が起こると、越後国主であった新田義貞は天皇方につき、足利尊氏と対立した。これに反発したのが阿賀野川以北にいた武士たちである。これらの武士団は、蒲原津に城を構えた義貞と長らく戦いを続けたが、結局勝敗はつかず。義貞が越前国に移って足利軍との戦いで死去することで終焉を迎えた。

この阿賀野川以北の武士は、戦国時代に移ってからも勢力を維持し、阿賀北衆とも呼ばれた。越後国の守護には上杉氏が入ったが、新潟市をはじめとしたエリアでは、こうした国人たちの支配が色濃く反映されていたのだ。彼らはいずれも関東武士を祖先としており、鎌倉時代からの伝統は、各地に根づいていたのだ。

この頃、歴史上はじめて新潟の地名が記録に現れる。1520年、信濃川河口右岸の蒲原津と、阿賀野川河口右岸の沼垂湊に、信濃川河口左岸の新潟津が加わり、合わせて「三か津」と呼ばれた。蒲原津は、この後数十年のうちに港の活気を失い、新潟津が信濃川・阿賀野川河口を代表する港となった。

この新潟津を占拠したのは新発田氏で、春日山城の上杉氏と対抗した。新潟町を前線基地とする新発田方に対し、上杉方は木場に城を造り、攻防戦が繰り広げられた。およそ5年に及ぶ戦いの末に勝利したのは上杉氏で、新発田氏を滅ぼして越後を統一した。意外にも、新潟市のエリア一帯は、鎌倉時代から戦国時代に至るまで、教科書に載るような武将たちによる勢力争いが繰り広げられた地なのである。

県下最大の規模を誇る古津八幡山古墳。現在は観光拠点として整備され、ピクニックで訪れる人も

木場城に居城する新発田重家が乱を起こし、新潟城や沼垂城を占拠。その後、山吉氏が入り、信濃川河口の管理を行う番城となった

新潟湊の水運と新田開発によって新町が誕生

急成長を遂げる新潟湊によって築かれた古町

1598年、豊臣秀吉は上杉領の解体を狙って上杉景勝を会津に移封し、春日山城主に堀秀治、新発田城主に溝口秀勝を任じた。その直後に秀吉が没すると、越後国では上杉の遺民による一揆が巻き起こり、国内に騒動が吹き荒れた。この頃、現在の新潟市域の信濃川以西は堀秀治領、以東は溝口秀勝領となり、新潟湊は堀秀治領、沼垂湊は溝口秀勝領となった。とはいえ、まだその存在感は薄かった。

江戸時代初期に越後国の中心となったのは長岡である。徳川家康が江戸幕府を開くと、家康の六男である忠輝が長岡に入るが、すぐに改易されると、堀直寄が長岡城主に任じられて、新潟はその領地として治められた。また、旧三島郡や旧西蒲原郡には幕府領が設けられ、出雲崎に置かれた代官所が支配。当時の新潟市は新潟町と呼ばれ、港町の役割を担っていた。

直寄は、長岡城主になるとすぐに新潟町に課せられていた様々な税を免除。商人が自由に出入りできるようにして、発展を促した。この免税制度は新潟町に莫大な利益をもたらした。17世紀以降は、西方への米の輸送港として、長岡や村上、はたまた米沢や会津の蔵米、百姓による自由米が一挙に集まり、貿易の中心となっていったのだ。こうして新潟町の農民たちが財を築くようになると、西からは古着や木綿、塩や茶などが輸入されるようになる。こうして港が発展すると、今度は信濃川の水運を利用して、交易も盛んになった。さらに、直寄は、新潟町に新町、材木町、洲崎町といった新たな町立てを命じ、拡大を図った。このときに作られた街は、現在の東中通よりも海岸側にあり、川寄りに古町や本町などがあったと推定されている。

だが、江戸時代にたびたび洪水を起こしてきた信濃川と阿賀野川は、地形さえも大きく変えてしまう。１６３１年には、新潟町と寄居島、白山島（現在の万代島）と呼ばれた中州との間にあった信濃川流路が浅くなり、船が停泊できなくなるという事態に見舞われた。港町として発展したいのに、肝心の船が停泊できなくなるのは大問題。そこで、長岡藩は大胆にも新潟町そのものを移転して、白山島の東側に港を築くことにしたのだ。この当時にできた街こそ、現在の古町である。こうして新潟町は日本海側最大の港町へと大きく羽ばたいていくのである。

相次ぐ新田開発でリッチな農民が誕生

さらに、新潟町周辺の低湿地帯では、新田開発が相次いだ。１６４５年の越後・佐渡の全国高は約63万６０００石だったが、１８３０年頃には１５４万５０００石と、約2倍にまで膨れ上がった。

江戸中期を象徴する新田開発は紫雲寺潟と福島潟の干拓だ。いずれもかなりの難工事になったそうだが、のちに広大な田畑が開かれることになった。こうして、葛塚・大野・新飯田・漆山・曽根・巻などの在郷町が成立。新田開発に

中世〜江戸期の出来事

年	出来事
1598年	上杉氏が会津へ移封。新潟市域が新発田領と長岡領になる
1664年	新田開発によって石高が急増する
1704〜11年	新津・白根・亀田・小須戸の在郷町が成立し、六斎市が開かれる
1640年〜84年	沼垂湊が4回の移転を繰り返し、拠点性を喪失
元禄年間	西廻り航路が開かれ、新潟湊が大きく発展
1730年	紫雲寺潟の干拓のため、松ヶ崎堀割が行われる
1820年	内野新川が開削される
1751〜64年	葛塚・大野・新飯田・漆山・曽根・巻などの在郷町が成立
1858年	新潟湊が開港5港のひとつに選ばれる

※各種資料により作成

よって、現在の新潟市を形成する街が次々とでき、一大穀倉地帯へと発展を遂げていったのだ。ただ、紫雲寺潟周辺の村は小規模の小作人が入植し、その後はかなりのビンボー暮らしを強いられたらしい。

一方で、新田開発によって開かれた在郷町では、各地で六斎市が開かれ始めた。六斎市とは1カ月に6日、期日を定めて定期的に市が開催されるというもの。新潟市内では、亀田や白根の六斎市が有名である。とくに亀田町は栗の木川の舟運などで新潟町の船着き場に直結する交通の要衝でもあったため、新潟町に滞在している京都や加賀、近江、越前の商人などが商いに来ていたそうで、かなりのにぎわいを生み出していた。亀田町の農民も六斎市の売り上げによって、セレブ化していたという。やがて、在郷町の商人も権力を持つようになり、長岡町では城下町商人との間で抗争さえ起きたらしい。

農民の生活は豪華になっていくばかりだったが、欲をかいて土地を質入れする者も現れ、中間農民が土地を手放すことも少なくなかった。そうした土地を零細農民が買い上げ、大地主にまで成長することもあり、のちに「地主王国」と呼ばれるまでになっていく。

港の移転に伴い、新潟総鎮守である白山神社も移転した。現在の白山神社は楠本正隆によって現在地に創建された

西廻り航路の拠点として新潟港が発展すると、旧新潟町の農民たちがだんだんリッチになり、在郷町も繁栄を手にした

新潟の近代化をリードした明治大正期の巨人たち

先行きの見えない新潟開港に右往左往

幕末の新潟町は、よくも悪くも新潟港と命運を共にした。1858年、欧米各国との修好通商条約が結ばれると、新潟は開港される5港のうちのひとつに挙げられた。日本海側最大の港であることと、幕府領であったことなどが主な理由だが、当初はアメリカに反対されていたらしい。というのも、新潟港の入り口は土砂が堆積しており、港として不適格だと見なされていたからだ。だが、幕府としては、ほかの港を没収するわけにもいかず、幕府領である新潟港をご り押しするしかなかったのだ。イギリスによる調査では、加賀の七尾港のほうが適しているという厳しい評価も受けていた。ただ、すったもんだを繰り返しているうちに倒幕が果たされ、新潟町は戊辰戦争の戦地となり、開港は５港のうちでもっとも遅い１８６９年にまで引き延ばされることとなった。

新潟町が戊辰戦争の戦地となったのは、当時治めていた長岡藩と新政府軍と交渉が決裂し、奥羽列藩同盟とともに徹底抗戦することを決めたからだ。さらに、新潟港を備えていたため、外国からの武器が豊富に輸入されており、同盟軍の貴重な武器供給源となっていたのだ。新政府軍は早々と長岡城を落城させたものの、同盟軍も栃尾方面で態勢を立て直し、膠着状態が続いた。均衡を破ったのは新政府軍で、同盟を離脱した新発田藩の力を借りて新潟町を占領。これを期に北越は総崩れとなり、あえなく敗戦となった。

このとき、新潟町をはじめとした各地で水害も起きており、戦乱と相まって民衆は一揆を起こすなど混迷を極めていた。そのため、新政府は制圧した各地域に民政局を設置して、民衆統治に努めた。新政府の狙いは、民衆の混乱を治めるとともに、延期していた新潟港の開港の実現にあった。その後、何とか新潟開港にこぎつけると、１８７１年にスタートした廃藩置県と府県統合により新潟県が誕生。ここでついに新潟町が県庁所在地へと躍り出て、新潟港を中心として街の近代化を図っていったのである。

その際、新潟町の開化に大きく貢献したのが、県令に任命された楠本正隆である。楠本は新潟町に「市中心得」と「邏卒（らそつ。今でいう警官みたいなもの）心得」を定め、制度の安定や治安維持に力を尽くした。そのため、新政府からは「開化三県令」とも称されるほどの人物だったそうだ。だが、当時の民衆としてはいいことばかりではなかったらしい。というのも、楠本が実行したことといえば、公衆浴場での混浴、通りに洗濯物を干すこと、公共の場で裸になることなど、江戸時代には一般的だった習俗を強く禁止して、生活の欧米化を急速に推進することにあった。なかでも「散髪」は、かなり徹底したようで、まげを剃り落とさない民衆は、わざわざ逃げ出さないように舟に乗せて、自ら剃髪したそうだ。これに対しては、あまりに厳しすぎるとして、意見書が提出されたこともあるらしい。こうした急速な開化運動も、新政府が開港に合わせて、新潟町の国際化を急いだからにちがいない。

近代の出来事

年	出来事
1869年	新潟港が開港
1871年	新潟町を県庁所在地に新潟県が成立
1879年	蒲原郡を4郡に分け、新潟町を県内唯一の区とする
1889年	新潟県が1市・123町村に統合される
1891年	水田の排水のため、各所に蒸気機関による動力排水機場が設置
1896年	信濃川の治水工事が始まる
1897年	信越線沼垂駅が開業
1897年	新津油田で機械掘削が本格化
1914年	新潟市と沼垂町が合併

※各種資料により作成

新潟の近代化を推進した地主制度

近代の新潟県は、江戸期から大地主を中心とした地主文化が浸透していた。1924年の統計によると、50町（1町＝約1ヘクタール）以上の土地を所有している大地主は257家あり、北海道に次ぐ全国2位。とくに1000町以上の巨大地主は全国に9家あるうちの5家を占めていた。こうした大地主は、農家というよりも財閥に近く、膨大な富を背景にした企業への投資活動も活発化していった。

そのなかで、とくに名を馳せたのが、新津の石油王と呼ばれた中野貫一である。中野貫一は、1888年の日本石油の創立にも、発起人として参画し、金津鉱場の開発に積極的に投資をして、商業採掘を成功に導いた功労者だ。新津恒吉という優れたビジネスパートナーにも恵まれ、明治後期には日本トップクラスの産油業者に成長。その財をもって、新津周辺に学校を開いたり、神社の統合なども実施。終生、新津を離れることがなかったことも相まって、地元では近代の神様のように丁重に扱われている。

関屋一帯は戊辰戦争の舞台となった。奥羽列藩同盟に参加した長岡藩は新発田藩の裏切りによって総崩れとなった

県令に任命された楠本正隆は新潟町の国際化を急いだため、江戸期の一般的な習俗を改めようと開化を進めた

農工業促進の陰で発生した新潟水俣病

戦後日本の食糧難を支えた新潟米

1889年に市制が施行されて以来、新潟市は大規模な農地開発と鉄道開通、さらに石油産業の隆盛によって、徐々にその勢力を拡大していった。1914年には、沼垂町と合併し、近代港湾の築港として整備される。さらに1931年に上越線が開通し、同時期に満州開拓民の出発港となり、多数の企業や工場が進出。軍需工場も数多く立地し、農地ばかりだった新潟市の様相はガラリと一変し、一大工業地帯となった。その後、大形、石山、鳥屋野とも合併し、市域も拡大の一途を辿っていった。

戦後は、新潟市にGHQの師団司令部が進駐し、一時的に工業化がストップする。というのも、戦後の日本は食料不足が深刻で、工業どころではなかったからだ。そこで、ＧＨＱは新潟県全域で農地改革を断行した。それまでの地主制度が解体されて、自作農主体の農業に変わっていった。その際、市内の農業を支えたのが、鳥屋野潟などで運転を開始した排水機場だった。湿地の多い土壌ゆえに、排水は農民にとって大きな課題となっていた。だが、排水機場が整備されたことで、土地改良が急速に進み、１９５０年代には、ほとんどの農地で改良が完了した。それまで舟を使った農業が中心だったが、牛馬車や耕運機を使った栽培が可能になった。こうして小規模な自作農でも、安定した農業が営めるようになったそうだ。

そもそも全国的な食料不足にあって、新潟県は米の重要な供給源だった。当時の政府が発出した「食糧緊急措置令」によって、新潟県の農家は米を強制的に吸い上げられていたのだ。１９４６年度に新潟県に課せられた供出割合量は、なんと68パーセントにも及んでいた。地元農家は、「自分で食べる米すらない」と嘆いたそうだが、県当局が一軒一軒回って説得に当たったそうだ。それだけの苦労を強いられたのだから、一大穀倉地帯であった越後平野で、農業の効率

現代の出来事

年	出来事
1931年	上越線が開通
1932年	満州国との対岸貿易が大きく発展
1941年	新潟港周辺に軍需工場が進出
1945年	新潟港が機雷攻撃にあい、機能を喪失
	終戦後、GHQが進駐
1948年	栗ノ木排水機場が運転を開始
1964年	新潟国体が開催
	新潟地震が発生
1965年	新潟水俣病が発生
1973年	新潟空港が国際空港になる
1999年	新潟交通電車線が廃線
2005年	新潟市が周辺13市町村と合併
2007年	政令指定都市に移行する

※各種資料により作成

化は必須だった。鳥屋野潟の大型排水機場は、新潟市民のみならず、日本国民をも救ったのである。

急速な工業化で発生した新潟水俣病

農地改革が終わると、やや停滞気味だった工業も陽の目を浴びた。１９５０年に勃発した朝鮮戦争による特需である。石油の産油量が減少し、取って代わったのが天然ガスを原料とするガス化学工業。１９５８年には日本瓦斯化学工業（現・三菱ガス化学）が国内最大のメタノール工場ともなった。

しかし、急速な工業化がもたらしたものは利益より、弊害であった。天然ガス採取に伴う地下水の汲み上げによって地盤沈下が進行し、昭和30年代には海抜ゼロメートル地帯が広がって、海岸決壊や浸水騒ぎが続発。そして、40年代には、あの新潟水俣病の発生が明るみに出た。

１９５６年に熊本県水俣市で発生した病気が、新潟では阿賀野川流域で発生した。原因となったのは昭和電工鹿瀬工場（現・阿賀町）から流出したアセトアルデヒド。当時、昭和電工側は農薬被害だとして反論したが、政府が公式見解で公害病と認定したため、1971年の第一次訴訟において、昭和電工の責任だと確定した。

ここまでは、新潟市民であれば誰でも知っている常識であるが、被害者には当時の新潟市民や豊栄市民が、もっとも多かったことは忘れられがちである。認定患者715名のうち、実に333人が旧新潟市の住民だったのだ。そして、何よりも恐ろしかったのは、新潟水俣病にまつわる風評被害や差別であった。

水俣病が発生した当初は、その原因が不明だったため「タタリ」や「伝染病」とのデマが広まり、患者は周辺住民から孤立を強いられることもあったという。ひどい場合は、仕事を辞めさせられたり、就職や結婚で差別を受けることもあったそうだ。さらに、認定申請をして棄却されると「ニセ患者」のレッテルを貼られ、誹謗中傷にさらされた。こうした差別や中傷は、今になっても変わらない問題だが、新潟水俣病が我々に教えてくれることはあまりに多い。

新潟水俣病の資料を展示する環境と人間のふれあい館は、地元の小中学生だったら一度は訪れる

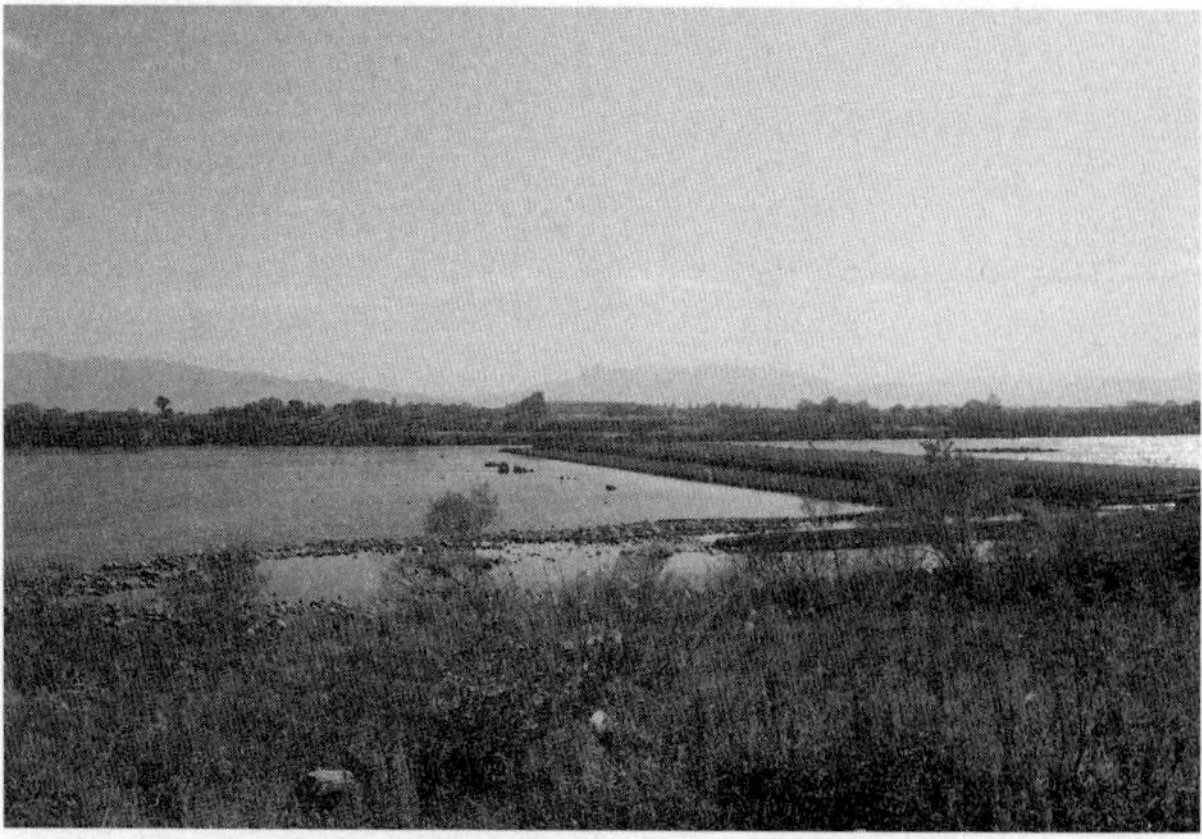

新潟市の昭和期は排水場の整備が進み、水害が激減。その一方、阿賀野川流域では急速な工業化によって新潟水俣病が発生した

新潟市コラム 1

新潟市歴史博物館でデート？

本書はまちづくりや行政の是非といったお堅いテーマを扱うことが多いが、絶対に忘れてはならないのは住民目線である。そのため、スーパーの潜入取材だったり、ソウルフードの検証など、日々の暮らしをテーマにしたゆるめの取材をすることも少なくない。そうした市民目線の情報を得るためによく利用するのが、地元民のブログ記事や、SNSだ。かつては地元民の声を拾うのは現地でしか不可能だった。もちろん、ネットの情報はあくまで参考にしかならないんだけど、ある程度の目星をつけられるのはデカい。いやあ、本当に便利になったもんだ。

というわけで、いろいろと事前調査をしていると、ある若手編集者が「新潟市民って歴史博物館でデートしてるらしいっすよ！」と言い出した。正直、何を素っ頓狂なことを言ってるんだと思ったので、軽く受け流していたのだが、ウザい

ほどの猛プッシュに根負けした。まあ、確かにネットやSNSではオススメする声もあるんだけど、筆者としてはにわかに信じがたかった。

だって、よくよく調べてみると、もともとは郷土資料館だったらしいじゃないの！　地方の郷土資料館って言ったら、がらんどうが基本で、校外学習でやってくる児童や生徒専用の施設というのが定石。そんなところで、若いカップルがデートしてると思うと、「新潟市ってそんなにデートする場所がないのか」と勝手に妄想を膨らませてしまった。

まあ、とにもかくにも取材することが決まってしまった（？）ので、しょうがないから足を伸ばすことにした。あんまり興味はなかったんだけど、これが行ってみて、あらビックリ！　旧第四銀行住吉町支店建物は大正期の和洋折衷建築の風情があって、その前に走っている水路もなかなかキレイ。水路の脇をカップルで歩いたりしたら、ムード満点である。旧第四銀行にあるレストランもデートにはピッタリだと思う。惜しむらくは、バツイチの筆者の隣に、長らく誰もいないことか（募集中！）。

だが、やっぱりデートスポットと呼ぶのは早計である。だって、肝心の館内展示がめっちゃ地味なんだもん……。何せ常設展示は「郷土の水と人々のあゆみ」である。うむ、中身は完全に郷土資料館のままである。

というわけで、若い地元民に話を聞いてみたんだけど、「え～！　行かない行かない」とか「あそこに連れてかれたら、別れるかも（笑）」と、事前に想定していた反応しか返ってこなかった。パッと見の景観はけっこういいんだけど、肝心の中身が全然ついてきていないのは、デートスポットとしてはちょっと難あり。まあ、校外学習にはピッタリだとは思うけど！

第2章
新潟市って どんなトコ

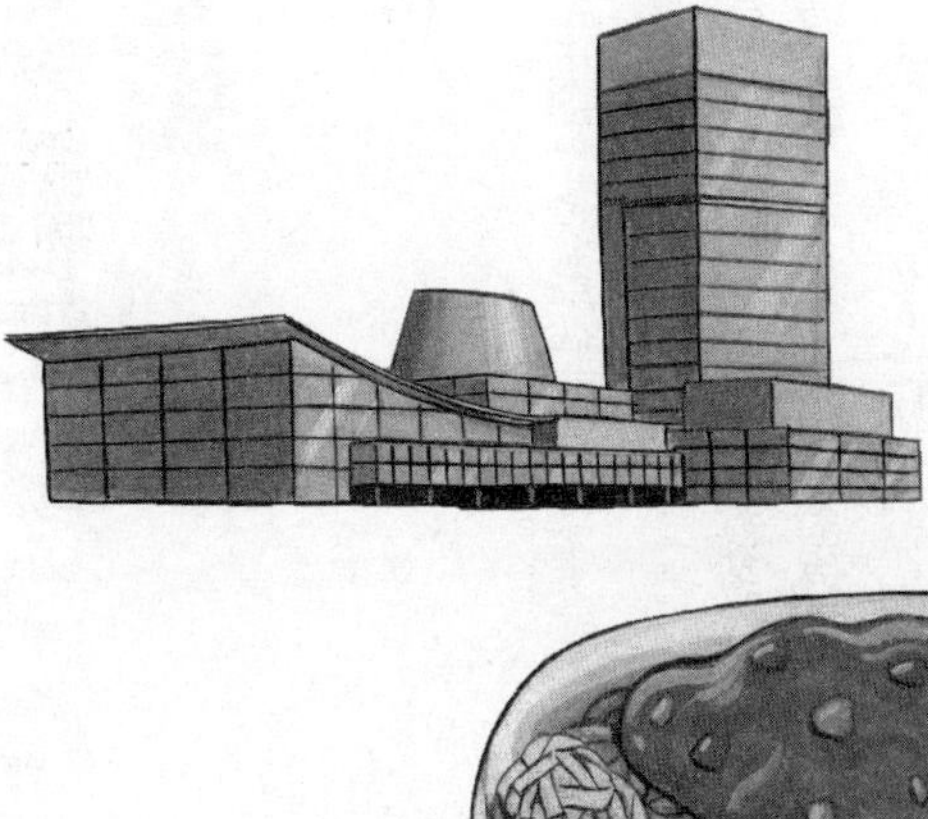

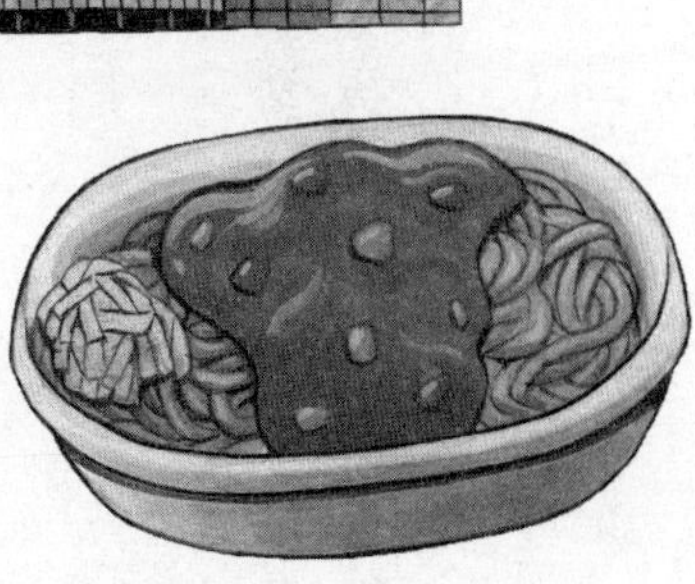

政令市移行で顕著になった新潟市の光と影

メシに困らない食糧王国

新潟市が政令市の仲間入りを果たして早13年。まずは改めて政令市・新潟市の長所と短所を検討していきたい。

新潟市が他の政令市に勝っているのは、食糧が豊富な点にある。新潟市の食料自給率は63パーセントと、政令市のなかでは群を抜いている。岡山市が同25パーセント、浜松市が同12パーセントだから、圧倒的だ。市内の学校給食でも「オール新潟市内産献立」といった取り組みを続けており、こうした強みを活かして、新潟市は「田園型政令市」を高らかに宣言していたりもする。強みである農業を武器に、他の政令市との差別化を図っているのだ。

新潟市の農業産出額は、５８６・５億円と全国市町村中５位。近年はやや下落傾向にあるが、米に限ってみれば相変わらず全国トップに君臨している。他には枝豆が全国２位で、大根３位、スイカ７位、西洋ナシ４位と、野菜果物類にも有名な品目は多い。また、一般的にはあまり知られていないものの、新潟市は県内でも有数の畜産都市でもある。南区には「白根ポーク」なるブランド豚もあり、先に触れた地産地消の学校給食に出されたりしていて、地元ではけっこう有名だ。

さらに、農産物の生産だけでなく、その加工・製造も盛んだ。米菓生産で国内トップの亀田製菓や、パックご飯と切り餅市場で国内トップの佐藤食品工業といった企業を筆頭に、有名食品製造企業がズラリ。新潟市の製造品出荷額の22・４パーセントを占め、市内産業のメインとなっている。高速道路などのインフラが充実し、その流通システムもしっかりと整備されていることも製造業が強いひとつである。農工ががっつりタッグを組んで、食糧王国の礎を築いているのだ。「田園型政令市」を宣言するだけあって、農業の実力は折り紙付きである。

新潟市民は広い一軒家でぬくぬくハッピー!?

どうして、こんなにも農業が強いかといえば、シンプルに新潟市が大きくて平たいからである。新潟市の面積は全国市区町村中で92位。政令市のなかでは8位と中位ではあるが、可住地面積は全国市町村中堂々の2位に君臨している。筆者は、市内を文字通り東奔西走して駆け回ったが、平野部が多いかがよくわかる。見渡す限りの田園風景に何度出くわしたことか。平野部が多いから、どこでも宅地になりやすいのだ。

そのため、新潟市では持ち家比率のほか、一戸建て率、延べ床面積も政令市でトップ。家が広く、三世帯が同居する家庭も多い。顕著なのが西蒲区や南区で、持ち家比率も延べ床面積も市内で断トツ。要するに市街地を離れるほど、三世帯が同居する家族が増える。まあ、田舎自治体と合併したからこうなっているわけなのだが。

とはいえ、田舎っぽいからこそ全国でアピールできる点もある。たとえば、2020年に発表された「幸福度ランキング」で、新潟市は政令市中6位にラ

新潟市の実力を示す基本データ

面積	726.45平方キロメートル
年平均気温	13.8℃
可住地面積	672.08平方キロメートル
合計特殊出生率	1.29
完全失業率	4.0パーセント
財政力指数	0.71（2018年度）
地方税収額	1209.4億円
地方債残高	6000.8億円
農業産出額	579.8億円
卸売業年間販売額	2兆2707.8億円
一人当たり所得	304.1万円
持家世帯比率	65.8パーセント
1住宅当たりの延べ床面積	109.34平方メートル
空き家率	12.94パーセント

※『都市データパック 2019』東洋経済新報社ほか行政資料より

ンクイン。あの仙台市や京都市の上に立っているのだ。このランキングでは行政機関などが発表している公的データをもとに、地域の社会的状況や構造を示す7つの基本指標と、人々の幸福感を具体的に評価する尺度として「健康」「文化」「仕事」「生活」「教育」の5分野・40指標を設定。これらを総合して、政令指定都市の「幸福度ランキング」を算出している。

なかでも新潟市は「幸福度ランキング」の「生活」分野で、毎回のごとくトップを獲得している。こうした指標を押し上げているのが、持ち家比率の高さと、一人暮らし高齢者率の低さだ。多くの市民が祖父母や両親と生活しているので、生活保護受給率も政令市のなかではかなり低い。新潟市は路頭に迷う人が少なくすんでいるのだ。つまり、田園型（田舎）の暮らしが、いわゆる「幸福度」を高めているともいえるだろう。だからといって市民が幸福だとは言いきれないが、それでも全国にアピールできる新潟市の強みだといえる。２００5年の市町村合併による政令市移行は、統計データ上とはいえ、それなりの恩恵をもたらしてはいるのだ。

市長はやる気でも役人の本気度が感じられない財政改革

一方、自治体の実力を示す財政は問題山積だ。新潟市の財政力指数は0・71(2018年度)で、政令市のなかでは熊本市と並んで最下位。財政状況は年々悪化しており、とくに問題視されているのが積立基金残高の減少だ。簡単に言ってしまえば、貯金のことなのだが、政令市施行前の2006年度に387億円あったものが、2018年度には33億円にまで目減りしてしまった。この金額を市民一人当たりに換算すると、わずか4000円ほどで、政令市ではビリをひた走っている。さらに市債残高（借金）は増加傾向にあり、2006年に3509億円だったものが、2018年には6130億円までかさんでいる。

この財政悪化の原因は、合併以降、各区でハコモノ開発を推し進め、BRT（222頁で詳述）なんていう市民が必要性を感じていない公共交通をつくってしまったからだ。4期16年を務めあげた篠田前市長の負の遺産である。

こうした現状を受けて、新潟市では緊縮財政をせざるを得ない状況に陥っている。篠田前市長からバトンを受け取った中原新市長は、2019年度から市職員の削減や事業の見直しを図った。それだけ市が使える金が減少しているということであり、市民生活のさまざまな面で、しわ寄せがきている。

新潟日報によると、東区の木戸小学校では、業者に委託していた「学校だより」を自校で印刷することにし、これまでのカラーから白黒に見直したそうだ。これは市教育委員会から各小学校に配分される予算が一律5パーセントカットされたため。たいしたことないように見えるかもしれないが、財政難が市民生活に与える影響は、じわじわとボディブローのように響いてくる。今のところ中原市政の3年間で、基金残高の積み増しに成功しており、緊縮財政の効果はそれなりに出ているともいえるだろう。自身の20パーセントの給与をカットするなど、財政改革への本気度はそれなりに伝わってくる。

だが、市民サービスが低下している一方で、2020年の市職員のボーナス引き下げ率はわずか0・05カ月分。しかも給与は0・1パーセントアップときている。まあ、組合との兼ね合いもあるんだろうけれど、お役所としての本気度はまだまだ感じられないんだよなぁ。

新潟市のメイン産業を支えているのは何といっても米。だだっ広い越後平野のおかげで、可住地面積も全国市町村でナンバーワン

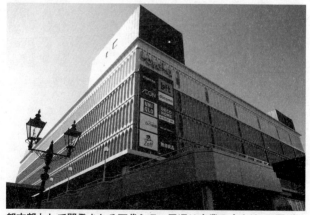

都市部として開発される万代シティ周辺は商業の中心地。田園ばかりの市内にあって、政令市らしさを感じられる唯一のエリアである

新潟県では都会なのに人口減少が止まらない！

人口のダムどころか放水状態

新潟県は30市町村のうち28市町村で人口減少が進んでおり、そのうちのひとつに県都・新潟市も含まれている。こうした傾向は２０００年代に入って、より顕著になっており、それを食い止めるための役割を政令市に移行した新潟市が果たすとされてきた。当時、篠田前市長は「人口のダムになりたい」とも発言しており、誰もが新潟市の前途洋々の未来を思い描いていた。

だが、皮肉にもその期待は幻想にすぎないことが証明されてしまった。新潟市の人口は、２０１７年に80万人を割ってから、その減少スピードが年々加速している。とくに大きな問題になっているのは、20代前半の働き手世代が、おもに東京圏で就職してしまうなど、転出超過に陥っている点だ。市内の転出者数のうち、約50パーセントが東京圏へと流出。上越新幹線や関越自動車道といったインフラが、逆にダムに空いた大きな穴となり、人口を放水してしまっているのだ。

結婚も出産もためらいがちな新潟女性

また、市内に残った若者たちも、あまり結婚を望まないようだ。とくに女性の有配偶率は25～34歳で大きく低下しており、合計特殊出生率も1・29と地方の政令市としてはかなり低い数値となっている。

誤解を招かないようにあらかじめ断っておきたいが、筆者は結婚の多様化は大いに結構なことだと思っている。自身もシングルファザーであるから、形式にとらわれない結婚や子育てがあってもいいとも考えている。たとえば、古町のとあるガールズバーで、アラサーのママに結婚を申し込んでみたところ（あくまでジョーク）、思いがけず結婚トークで盛り上がった。独身の彼女は「平日はまだ働きたいから週末婚だったら考えてみたい」そうだ。それも結婚のひとつのかただと思う。

これは、あくまで個人の意見ではあるが、新潟市の女性はかなり就労意欲が高いと思う。30歳代の女性有業率、子供のいる夫婦の共働き率は政令市のなかでトップ。結婚してもしていなくても、新潟女性は働くことが常識なのだ。ただ、女性が働く理由は、必ずしも前向きなものばかりとは限らない。

市が行ったアンケート調査によると、独身者が結婚しない理由として挙げているのが上から順に「適当な相手がいない（43・1パーセント）」「自分の時間を失いたくない（30・8パーセント）」「結婚後の生活に不安（夫婦関係など）がある（24・6パーセント）」がトップ3を占めている。さらに、新潟女性の90パーセント以上が、結婚相手を決定する際に重視・考慮することとして「相手の収入などの経済力」を挙げている。つまり、新潟市の女性はかなり現実にシビアなのだ。

そんな女性が「適当な相手がいない」と考えるとすれば、新潟市の男性の経済力に不安があるという点に行き着く。結婚しても経済力に不安があるため、

令和元年度の新潟市人口関連データ

人口	788,465	出生者数	5,335
外国人人口	5,871	死亡者数	9,246
人口密度(1キロ平方メートル当たり)	1,085.4	婚姻件数	3,697
前年度比人口増減数	-4,403	離婚件数	1,140
転入者数	29,968		
転出者数	30,460		

※「令和元年度新潟市統計書」(2020年3月末時点)

新潟市の人口推移

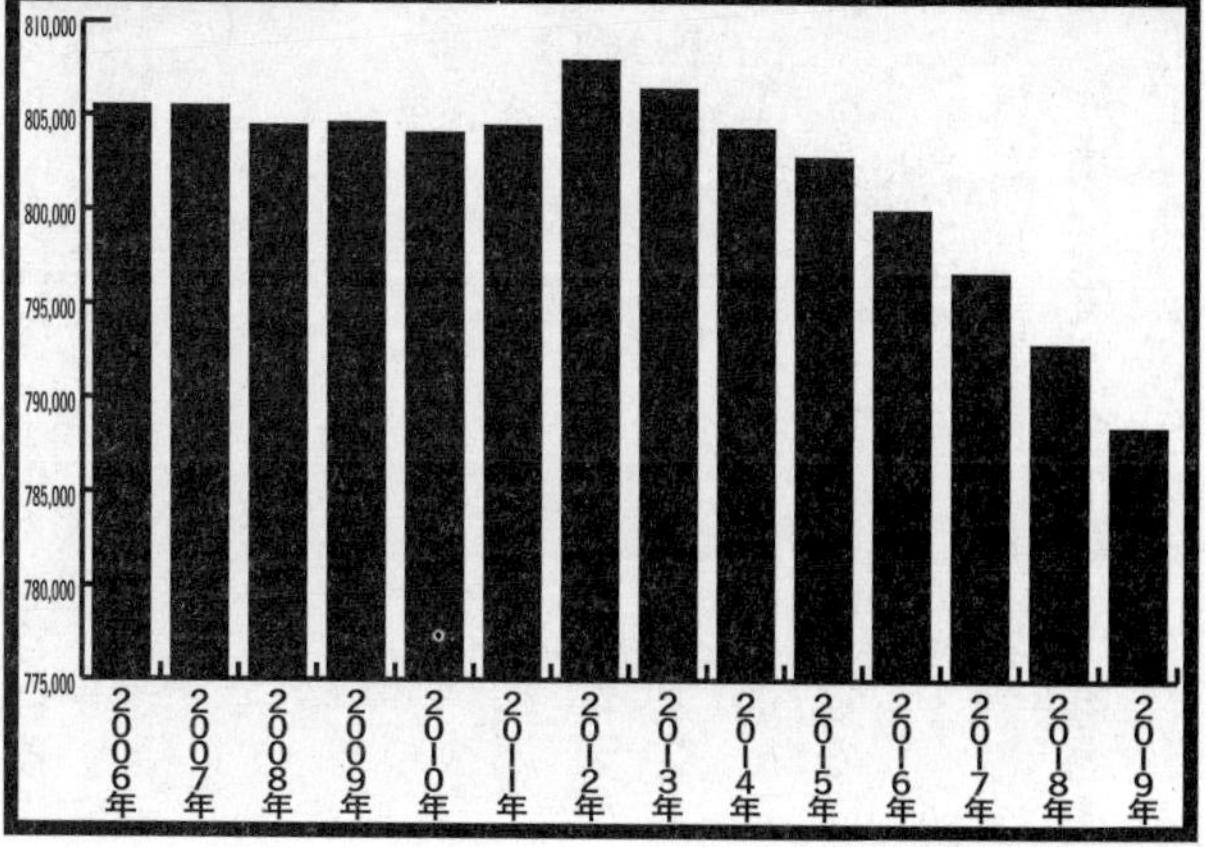

※「令和元年度新潟市統計書」より

夫婦共働きが基本。35歳以上になって仕事が安定した段階で子供をもうけるので、出生率が停滞しているのだろう。

雇用促進は人口減少に効果なし!?

そこで、市は雇用促進のために産業振興を改善しようと躍起になっている。働く場所がないから、若者が転出してしまい、さらに経済的な不安から結婚・出産にもためらってしまうと考えたのだ。そのため、政令市移行以来、新潟市では南区や西蒲区に工業団地を造成し、産業振興を図ってきた。これら工業団地の分譲は思惑通りにうまく進み、航空機部品工場などが進出。企業立地や新規雇用数もリーマンショック以前にまで回復するなど、産業振興策は一定の成果を得ている。だが、成果はあっても効果はご存知の通り、芳しくはない。工場は雇用を増加させるが、賃金の上昇にはそれほど効果はない。若者を引き留め、さらに市内で婚姻件数を増やすためには、雇用促進だけではなく、魅力ある雇用形態と多様な雇用先をつくることが肝心ではないだろうか。

新潟市は高校や大学も豊富で学生も多い。だが、その半数は就職を機に首都圏へと旅立ってしまう

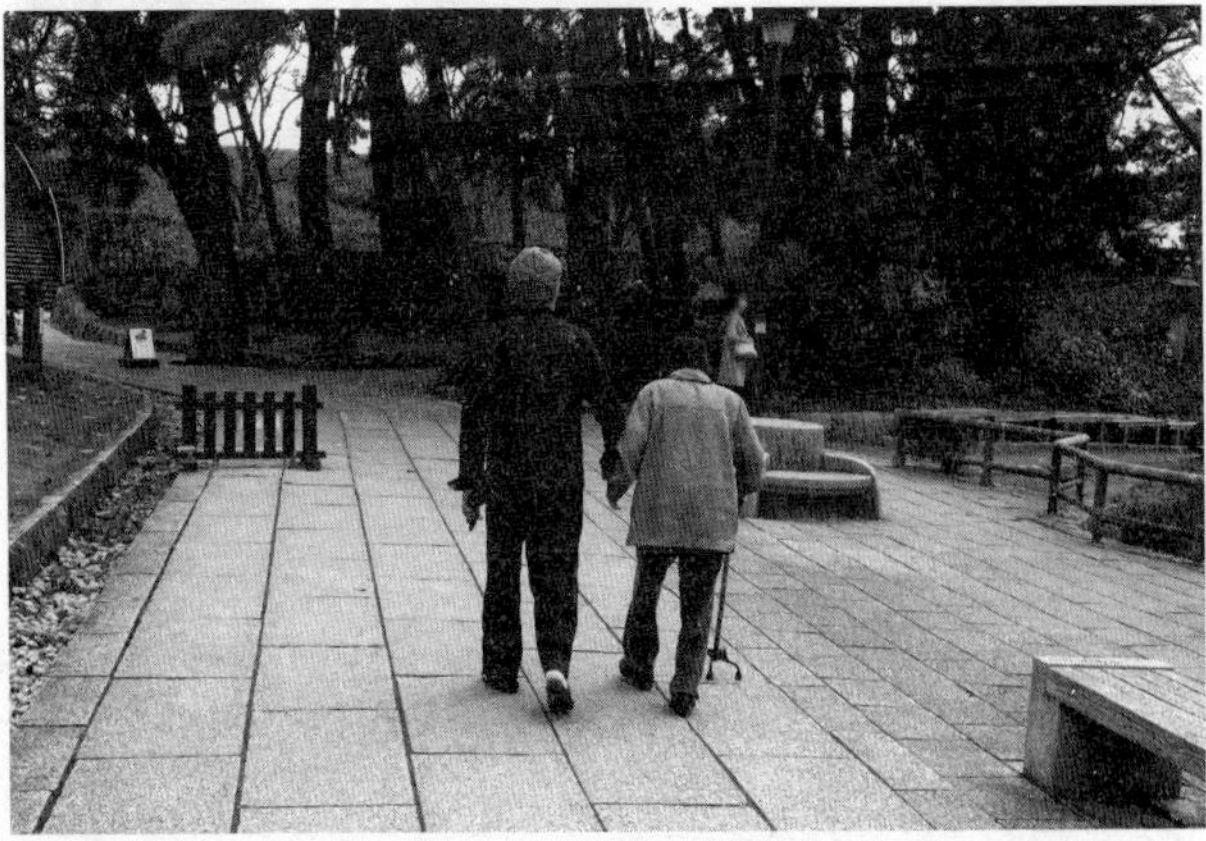

若者が流出し、子供も増えないのだから高齢化率が高まるのは当たり前。取材中、街中で出会うのは高齢者ばかりであった

超充実の道路網とぜい弱すぎる鉄道網

土建王国の本領を発揮した道路整備

本書シリーズで地方取材に向かうとき、東京近郊でなければ、たいていは新幹線で現地入りして、そこからレンタカーを借りるケースが多い。しかし、新潟県は、東京圏からのアクセスがすこぶるいいので、今回はマイカーで行くことにした。東京からおよそ4時間30分。新幹線だと2時間ほどだが、都内の移動時間も考えると、1時間30分から2時間ほどしか変わらない。公共交通でもマイカーでも、東京からのアクセスの良さは、かつて「裏日本」と呼ばれたとは思えないほどの快適さだ。

それもこれも「今太閤」と呼ばれた田中角栄の功績が大きい。角栄は柏崎市出身ではあるが、『日本列島改造論』を旗印に新潟県の交通インフラを整備したことから、新潟市民からも広く親しまれている。上越新幹線や関越自動車道の開通に尽力し、新潟市のみならず県内に好景気をもたらしたことに今でも感謝している新潟人は少なくない。「土建王国だから」と揶揄されることもあるが、新潟の交通利便性は日本海側では随一である。

新潟県内でもその首都である新潟市内の交通インフラは、年月を重ねるごとに充実していった。高速道路は日本海東北道、磐越自動車道、北陸自動車道の3路線が走り、市内各所を結ぶインターチェンジは11カ所にも及ぶ。国道は13路線が縦横無尽に張り巡らされている。道路網が著しく発展してきたため、新潟市では完全な車社会が形成されている。

なかでも新潟市民がよく利用するのが1985年に開通した新潟バイパス。自動車専用の高規格道路で、ピーク時には日本屈指の交通量を誇るが、車線が多く、立体交差などが充実しており、渋滞が起きづらい構造になっている（新潟西バイパスで一部渋滞が起きているけどね）。新潟西バイパス・新潟バイパス・新新バイパスの3つを合わせた距離は約37キロ。その区間に信号がひとつもなく、一般道にもかかわらず、制限速度は80キロとなっている。ちなみにパーキングエリアまで備えているので、地元では「無料高速道路」とまで呼ばれている。筆者がとくに感心したのが、赤信号でも左折可のレーンがけっこう多いこと。これによって比較的スイスイ曲がれるので、かなりストレスフリーで運転できる（越後七浦シーサイドラインのラウンドアバウトにはちょっとだけ戸惑ったけどね）。おそらくこうしたメリットに新潟市民は気づいてないかもしれないが、全国の道路を走ってきた筆者から言わせてもらえば、地方都市の道路としてはかなり優秀である。

新潟ドライバーの運転マナーは悪くない！

そんな優秀な道路を走っているにもかかわらず、ドライバーの評判は最悪だ。本書に先行して刊行した『これでいいのか新潟県』では、やれ「車線変更はノーウインカー」、やれ「バイパスでは10キロくらい速度超過しててもたまに煽られる」など、散々な体験（著者は別ね）が書き綴られている。それに呼応す

他県のローカル交通ルール

県名	ローカ交通ルール名称	特徴
長野	松本走り	右折車優先の危険運転
愛媛	名古屋走り	信号無視などその他多数
茨城	茨城ダッシュ	どこでもスピードを出す
山梨	山梨ルール	信号が黄色、赤直後なら進め
愛媛	伊予の早曲がり	右折優先信号が青直後の早い右折
兵庫	播磨道交法	歩行者優先しないなど
岡山	岡山ノーウィンカー	ウィンカーを出さない

※各種資料により作成

るように、新潟県民のブログでも同じような書き込みが散見される。

こうしたドライバーのローカルルールは全国各地にあり、筆者も身をもって体験してきた。茨城県では制限速度60キロの道路を100キロ以上でぶっ飛ばす車に追い抜かれまくったり、京都府ではクラクションもウインカーも出さずに、超至近距離で車線変更されたりと、正直怖い目にも何度も遭ってきた。

だが、筆者が今回の取材で走ったのは新潟市内のみ。前評判を聞いていたわりに運転マナーがことさら悪いと感じることはなかった。むしろ信号はよく守るし、右折車両にもよく道を譲る。確かに車線変更でウインカーを出す車はほとんど見かけなかったが、そもそも車間距離がけっこうあいているので、それほど危険を感じることはなかった。まあ、筆者が死亡事故件数ナンバーワンの千葉県生まれだからかもしれないが、茨城や京都に比べれば、新潟市内を走るドライバーの運転マナーは断然マシである。

ただ、ひとつだけ心配になったのは、昼間に走行しているドライバーに高齢者が多いのなんのって。フラフラ運転や超低速車に出会うことも少なくなかった。実際、2019年の死亡事故11件の犠牲者すべてが高齢者で、そのうち5件は高齢ドライバー。しかも、5件中4件は高齢ドライバーが起こしやすい自損事故である。かくいう筆者も、駐車場でバーが降りていないのに発進、バックで速度を出しすぎて塀に激突した高齢ドライバーの2件を目の当たりにしている（その後、警察に通報したかは不明）。いやあ、マイカーにぶつけられなくて本当によかった！

北陸新幹線開業でより貧弱になった鉄道路線

さて、最後に鉄道路線にも触れておく。市内には上越新幹線のほか、白新線、信越本線、越後線、羽越本線、磐越西線の５路線28駅が東西南北に走っている。充実しているはずなのだが、車社会ゆえに利用者は学生かご老人が多い。さらに南区は、１９９９年に新潟交通電車線が全線廃止されたため、鉄道空白地帯になっている。鉄道は道路ほど市内全域をカバーしきれていない。

また、北陸新幹線開通で、新潟市は悪影響を被っている。新潟市と上越市をつなぐ在来線特急「はくたか」や快速列車「くびき野」も廃止され、下越・中越・上越を結ぶ在来線が激減。さらに、東京・新潟間の「とき」が27往復から26往復に、北陸方面への輸送を担っていた各駅停車タイプの「たにがわ」は東京・越後湯沢間の16往復が９往復に減便となった。「とき」が１本の減便ですんだことに胸をなでおろしていたが、「たにがわ」減便の影響で、「とき」の停車駅が増加。所要時間が若干長くなった。もともと鉄道インフラが弱いのに、より貧弱になったことは、新潟市のまちづくりに大きな影を残すだろう。

新潟バイパスは一部で渋滞を起こすものの、比較的スイスイ走れる。これも渋滞対策のために道路の構造がよくできているからだ

鉄道網が貧弱なので公共交通の担い手はバス。とくに駅がひとつもない南区民にとってはバスが貴重な生活の足となっている

政令市になった新潟行政へのホントの評判

4期16年も在任したのに前市長の評価は散々

本書を発刊するキッカケとなったのは、編集部に送られてきた読者からの手紙だった。新潟市の行政の問題点について指摘する内容で、「ぜひとも新潟市を取り上げて批評してほしい」との旨が記されていた。こうした読者の熱い声をいただいて、やらないわけにはいかない。というわけで、本項では政令市に移行してからの新潟行政にスポットを当てて、検証していきたい。

まず、政令市となった新潟市の最初の市長にして、新潟州構想をぶち上げたのは、言わずもがな篠田昭前市長である。前市長は2002年に当選して以降、4期16年を務めた。実に平成の半分において、行政の中枢を握り続けたのだ。

彼は新潟市生まれで、大学進学を機に上京。23歳で新潟市に戻って、新潟日報の記者となった。その後は、新潟水俣病や田中角栄の後援会だった越山会などを取材し、さまざまな連載を担当。そのなかで新潟市のまちづくりに興味を抱くようになり、自著『新潟力』のなかで、「記者としてよりも、もっと直接的に地域にかかわってみたい」と感じるようになったと綴っている。

それゆえ、新潟市の歴史にも詳しいし、その愛情は深い。市長になってからは高らかな理想を掲げて、政令市移行のための合併も実現し、市民派市長として評価する声もあった。だが、街中で篠田行政についての感想を聞いてみると、これが散々なものであった。ある居酒屋では「何でもかんでも開発一辺倒。ハコモノばかりボンボン造って、あとは戦略もへったくれもない。新潟市の魅力を発信して、人口も景気も上向きにさせるとか言ってたけど、全然人は来ない。若者が定着しないのは、街に魅力がないからでしょう」と、60代男性が熱弁。また、古町のキャッチのお兄さんは「時代もあるんだろうけどさ、篠田さんになってからの古町の歓楽街は衰退する一方だよ。政治には詳しくないけど、俺らからすれば、何の発展もしてないというのが実感だね」と、大きくため息をついていた。新潟日報がインタビューした県立大の田口一博准教授の評価は「篠田市長は純粋市民派。大新潟市になり、言い方は悪いが、市民派市長のできる仕事の範ちゅうを超えた。権限のある大きな市だと、組織間の調整が重要だが、行政や組織運営のプロでないと難しい。まじめな市民派であるがゆえに、いろんな意見を聞いてしまった」というもの。要するに、政令市を運営する力やノウハウを持っていなかったというわけだ。

広げた大風呂敷はどれも実現せず！

さて、ここからは少し筆者の私見も交えて論じていきたい。前市長はバリバリの団塊世代で、この世代のマスコミ業界人は、とかく大風呂敷を広げることが多い。働き盛りの頃にバブルを迎えたこともあって、理想論を掲げるだけ掲げておいて、実効性のある行動をしないタイプが多いと、筆者は常々感じている。かつて社会学者の宮台真司を取材したことがあるが、その際にも、同様の指摘があったように、同じ感覚を抱いている人は多いのではないだろうか。

篠田市政の主な出来事と実績

2002年	新潟市長初当選
2002年	ドカベン像設置
2007年	新潟市が政令指定都市に移行
2008年	主要8か国(G8)労働総会合を開催
2009年	水と土の芸術祭を初開催
2010年	アジア太平洋経済協力会議(APEC)の食料安全保障理
2011年	新潟州構想を発表する
2013年	マンガ・アニメ情報館 マンガの家完成
2014年	国家戦略特区(農業特区)に指定
2015年	バス高速輸送システム(BRT)を本格導入
2017年	中央区役所を古町地区に移転

※各種資料により作成

前市長も、就任時にはとにかく威勢がよかった。「新潟市のダム都市化」「地域コミュニティを維持する分権型政令市」「まちなかの復権」「持続可能な交通基盤の形成」などなど、掲げた理想を挙げれば枚挙に暇がない。しかし、そのどれもがうまくいっていない。というか、マイナス面ばかりが目立っているのだ（最大の懸念事項でもあるBRT問題は後述）。たとえば、かねがね「交流人口の増加で、にぎわい創出」を口にしていたが、実は16年の任期の間に、ただの一度も、独自の観光戦略プランを練ったことがない。戦略や計画を策定しないことについて、「広域観光の時代に市でつくる必要があるのか」として、「実態として庄内や米沢、会津と連携している。実践が大事だ」と語っており、具体的な施策に繋げていないのだ。本来、新潟市には米や日本酒という絶対的なブランドがあるにもかかわらず、それをうまく打ち出せなかった。新潟の奥座敷と呼ばれる岩室温泉では、観光拠点施設「いわむろや」をつくってみたはいいものの、それを軸とした肝心の振興策がなかった。また、市では故赤塚不二夫や水島新司、高橋留美子など、ゆかりの漫画家も多いため「マンガ・アニメを活用したまちづくり」を掲げて、中央区古町に「マンガの家」、万代地区に「マンガ・アニメ情報館」を設置。古町には『ドカベン』のキャラクター像まで作ったが、観光効果はほぼゼロに近い。

こうした篠田行政のあれこれを辿っていくと、どれも他の都市で成功したまちづくりや流行に踊らされているだけに見えてくる。2010年には当時の民主党政権と同様に「事業仕分け」をして、数々の住民サービスを廃止し、市民から大きな批判を浴びた。また、マンガやアニメのまちづくりについても、鳥取県境港市が「水木しげるロード」を作って、大成功を収めたことの二番煎じに近い。前市長の鳴り物入りで開催された「水と土の芸術祭」では、市職員を強制的に動員させて参加者を水増ししていたことも発覚。新潟市美術館の展示作品にカビが発生したことを揶揄して「カビとムシの芸術祭」なんて呼ばれたりもした。ここまでくれば、市民からの評判が散々なのも当然である。改めて、その業績を振り返ってみると、残念ながら問題だらけ！　現市長の気苦労たるや計り知れないものがあるが、その現行政もチグハグな点が多い。せめて観光戦略ぐらいは作ってもいいんじゃない？

白山公園内にある「りゅーとぴあ」は、篠田前市長時代に約43億円をかけて大改修を実施。なぜか芸術が大好きだったんだよねえ

政令市になってからの新潟市政は失敗続き。まちづくりも中途半端で、人口減少や財政悪化などの問題が今も山積したままだ

ヤンキー密集地帯が牙を抜かれたようにおとなしくなった

元ヤンキーたちが今は治安維持活動に精を出す

新潟市内を歩いていて個人的に感じたのは、98パーセントの人が地味で控えめな格好を好む一方、残りの2パーセントは、東京でもなかなかお目にかかれない奇抜なファッションに身を包んでいた点だ。ヤカラ風ともパンク風ともつかない、何とも独特なセンスなので、際立って目立っていた。気になって、見かけたうちのひとりに声をかけてみると、中高でけっこうヤンチャをしていたらしい。均質的な新潟市民からはみ出してしまった新潟市のマイルドヤンキーたちは、その反動ゆえに自己主張が強くなってしまうのだろう。

かつて80~90年代の新潟市内では、中学や高校派閥によって、いくつもの暴走族が乱立していた。ほぼ1つの中学校区に、1チームが存在していたという。それらの暴走族は2つの大連合を築き、対立していたらしい。1985年には新聞沙汰になる傷害事件も発生している。だが、平成に入ると、ここに派閥によらない荒くれものたちによる第三勢力が台頭。各中学校区の股をかけたチームで、古町や万代地区をおもな拠点としていた。当時は大きな旗を掲げて暴走していたようで、その姿を見かけた人もいるだろう。ただ、この勢力は2大連合の抗争を仲裁するために、長距離暴走集会を決行。これが引き金となり、新潟県警に解散届を提出して、あえなく消滅した。

冒頭からヤンキートークをしたのは、この伝説的なチームのメンバーの多くが、今も古町の裏社会で暗躍しているからだ。とはいえ、もともと仲裁に入るようなメンバーだから、けっこう新潟愛は強く、むしろ治安維持のために働いている。古町8番町はかつて「治安が悪い」「怖くて通れない」というイメージが強かったが、現在は町内の有志たちでパトロールを実施。タバコのポイ捨てを注意したり、青少年に声がけをしたりして、治安維持を図っている。地元民の話しでは、そうした有志のなかにも、昔はヤンチャをしていたメンバーな

新潟市犯罪認知件数

	2019年	2018年
刑法犯総数	4,908	4,968
殺人	5	6
強盗	5	7
放火	8	4
強制性交	10	7
暴行	252	240
傷害	85	94
その他	20	27
侵入盗	382	384
非侵入盗（乗物盗）	3,144(983)	3,186(989)
詐欺	161	182
その他	12	24
強制わいせつ	20	19
その他	18	19
他刑法犯	786	769

※令和元年新潟市市民生活課　安心・安全推進室

どが含まれているらしい。

かつて治安を乱していたヤンキーたちが大人になって、街のために身を尽くす。よくある美談だが、彼らが現在の新潟市の治安を乱すことはほとんどない。暴走族のチームは残っているようだが、それもごくわずかで、規模もかつてとは比較にならないほど小さい。今では廃墟に侵入して落書きをするぐらいが関の山だという。

西に行けば行くほどヤンチャボーイが増える！

こうした治安維持活動が奏功（？）しているかどうかはわからないが、新潟市の犯罪発生率は低めで推移している。2018年度の統計では、新潟市の人口千人あたりの発生件数は6・21件で、政令市中で12位。最多の大阪市が16・51件であることを考えると、かなり低いほうだといえる。同年の凶悪犯罪発生件数は24件で同17位だし、粗暴犯も361件で同18位。市内の犯罪傾向を見てみると、71・9パーセントは窃盗犯で、最多は乗物盗。万引き、車上ねらいと続く。スリやひったくりなどの窃盗も多いのが特徴だ。区別の犯罪発生率では都心部の中央区が断トツ。ただ、これはどの都市でも同じ傾向があり、際立って中央区の治安が悪いとはいえない。しかも、犯罪発生件数は17年連続で減少しているとあって、新潟市の治安は年々よくなっている。これには新潟市民も満足しているようで、中央区では「市内のワルい連中はめっきり少なくなったし、暴力沙汰もほとんど聞かなくなったねぇ」という声も聞いた。データを見る限り、新潟市はかなり安全な街だといえるだろう。

ただ、治安というのはデータだけで語れるものでもない。そこで、新潟市民の声を集めてみると、若干の地域差があるようだ。西蒲区出身で、今は古町に勤めている女性は「新潟駅周辺とか古町はずいぶんよくなった。でも、西側は相変わらずヤンチャしている集団も多いよ。週末の夜に小針浜周辺でも行ってみるとわかる」との耳寄りな情報を提供してくれた。そこで、筆者は夜の小針浜周辺を走ってみると、ノーヘルで原チャに二人乗りしている数組の少年たちと出くわした。中央区ではなかなか見かけない光景である。さらに海沿いを西蒲区の方面まで足を伸ばすと、イカツい装飾を施した車両と数台すれちがったりもした。ちょうど金曜日とあって、どこかで集会でも開いていたのかもしれない。まあ、そういった連中は触れなければ、あまり危害を加えることはないだろうし、見た目が怖いだけで、中身は意外と臆病だったりもする。やっぱり新潟市は平和な街なのだ。

夜の街は人通りが少ない代わりに治安はそれなりに安定している。市内で発生する犯罪はどれも小物が多い

犯罪が少ないので、新潟市をパトロールするパトカーもあまり見かけない。市民も警戒心がゆるく、無施錠での窃盗被害が多いらしい

「新潟県の住みたい街」で新潟市がほぼ上位独占のわけ

西区が住み心地トップってどういうこと!?

近年、自治体の住みよさを示す「ランキング」は、各社がこぞって発表しており、それぞれ趣向を凝らして差別化を図っている。一般人が普段からそれほど気にしているわけではないが、なんだかんだ言って住んでいる街が上位にランクインするとうれしい。というわけで、さまざまなランキングを調べてみたところ、新潟市の各区が上位を独占しているランキングを発見した。

それが大東建託が調査・公表している「住みここちランキング2020新潟県版」だ。このランキングは、インターネットで新潟県在住の成人を対象にアンケートをとったもの。「親しみやすさ」「交通利便性」「生活利便性」「静かさ・

治安」「イメージ」「自然・観光」「行政サービス」「物価・家賃手頃」に当てはまる各質問項目に回答を求めて、集計している。この調査で、新潟市の各区が上位をほぼ独占したのだ。1位から順に西区、江南区、中央区、東区、新発田市と続いている。

じゃあ、なぜ新潟市の各区が上位なのかをアンケート結果をもとに検証していくと、総合1位の西区は、「交通利便性」「親しみやすさ」「行政サービス」の項目でトップを獲得。その他の項目でも、新潟市の4区は上位争いを繰り広げている。新潟市の行政区がランクインしていないのが「静かさ治安」「自然・観光」のみ。要するに都会的な項目で、新潟市が優位に立っているのだ。

西区はどこが良いのだろう。西区は越後線沿線に住宅地が広がっており、車社会の新潟市にあって、鉄道路線を生活の足にできるめずらしい区でもある。区の中心部に新潟大学があり、越後線の本数も多く、市内中心部に出るバス路線も充実している。公共交通機関に沿って住宅地が造成されているので、若者向けの集合住宅も多く、比較的賃料も安い。そのため、中央区に勤務する単身者の多くが、西区を選ぶ傾向にあるという。人がそれだけ集まるので、コンビニやスーパーなどの日用品の買い物施設も充実する好循環。とはいえ、都市的な風景が広がる中央区とちがって、西区はかなり田舎的な風景が広がる。海も近く、自然環境は豊富だ。便利でありながら、こうした田舎的な側面を持っていることも親しみをもたれやすい。西区から中央区に出勤している独身女性は、もともと西蒲区出身。こんな近くで引っ越す必要はあるのかと思ってしまったが、西蒲区とは西区で交通利便性も中央区への通いやすさも断然ちがうのだという。東区も考えたそうだが、西蒲区や南区出身者は、あまり東区や北区になじみがないらしく、まったく別の街だと捉えられている。

2位となった江南区は旧亀田町で、県を代表する大会社・亀田製菓のおひざ元。財政も安定しており、単身者もファミリーも住みやすい環境が整っている。ただ、西区に比べると、鉄道駅が信越本線亀田駅しかなく、住宅地も郊外に広がっているため、快適に暮らすためには車が必要となる。また、より幅広い支持を得るには至らなかったのは、土地や住宅価格が他区よりも高く、中流層以上に限られているからだろう。中央区は言わずもがな都市部として、交通も生活も利便性は格上だ。街の実力的には他区よりも高いはずだが、都心部ゆえに

街の住みここちトップ5

順位	自治体名	偏差値
1位	新潟市西区	68.9
2位	新潟市江南区	64.3
3位	新潟市中央区	63.5
4位	新潟市東区	61.6
5位	新発田市	59.6

※大東建託『いい部屋ネット』より

住みたい街トップ5

順位	自治体名	得票率
1位	新潟市中央区	4.60%
2位	長岡市	1.40%
3位	新潟市東区	0.90%
3位	新潟市江南区	0.50%
4位	新潟市西区	0.50%
	特にない	57.30%
	今住んでいる街	21.10%

※大東建託『いい部屋ネット』より

賃料や物価も高いのがネックだ。

住みたい街なんて県内にはない！

このアンケート調査では、住みたい街も尋ねているのだが、その部門では中央区がトップを獲得している。できれば、都会的な中央区に住みたいと思う人が多いのは当然の結果であろう。ただ、このアンケートで気になるのは回答者の8割が「住みたい街は特にない」と「今住んでいる街に住み続けたい」と回答していること。要するに、現状維持を望む声が大きいのだ。インターネット調査っていうぐらいだから回答者の大半は20～40代だし、若い世代が多い西区や江南区が上位に君臨するのは当たり前である。ましてや新潟市は県人口の3分の1を占めているし、少なくない人たちが現状維持を望んでいるのだから、必然的に自分の住んでいる街を高く評価してしまうのだろう。

中央区は県内唯一といってもいい都会。県民が憧れの念を抱くのも無理はなく、住みたい街1位は当然である

住みここちトップに輝いた西区。越後線沿線に住宅地が広がっており、車がなくても生活できる環境が整っている

一体何がオススメなの!?新潟市のご当地グルメ事情

地元民の味覚に合い広く認知されてこそご当地グルメ

何を旅の目的にするかは十人十色だが、ご当地グルメを味わうことは旅の醍醐味のひとつといえる。今や東京など大都会にいてもアンテナショップやらで各地の名物を味わうことは可能だが、実際に現地に行って食べると旅情感も相まって、びっくりするような美味でなくても、得も言われぬ味わい深さを感じてしまうことが多々ある。

さてそのご当地グルメ。ひとくちにご当地グルメといってもいろいろある。筆者が個人的にご当地グルメを定義するなら、やはりソウルフード化しているかどうか、ここに尽きる。最近はB級グランプリなどの食の大会が花盛りで、優勝すれば地域活性化に繋がることから、全国各地でさまざまなメニューが開発され、脚光を浴びてこなかった地元グルメの掘り起こしなども行われているが、そもそもご当地グルメとは「地元民に広く認められた味」でなくてはならない。だが歴史は浅くとも、地元民の味覚にこれ以上ないほどマッチし、支持されているグルメは、たとえポッと出だとしてもソウルフードであり、ご当地グルメと言っていいと思う。逆に地元の名物や食材を用いて新メニューをつくっても、地元民に広く支持されなければ、ご当地グルメとはいえない。

では、新潟市民に根付いているご当地グルメって何だろう？　そう考えてみると真っ先に浮かんだのが米菓である。米菓は県外から大勢の人を呼び込むグルメとはさすがにいいがたいが、市民の日常に完全に溶け込んでいる。かつては新潟県内でしか買えなかったというサラダホープ、新潟市民なら誰もが知っているテーマソングでおなじみの（元祖）浪花屋の柿の種は自慢の逸品だ。

米菓の他にも何かご当地グルメはないか地元民に調査したところ、多かった答えが、米やラーメンだった。国民の主食をご当地グルメといってしまうのもどうかと思ったが（お国柄だろうけどねえ）、たとえば米系でいうと、ある市民が薦めてくれた田中屋のしょうゆおこわは美味だった。赤飯よりもこちらを購入する地元民も多く、さすが醤油系の濃い味付けが好きな人たちらしい。

一方のラーメンだが、現在の新潟市はラーメン激戦区となっている。その中で新潟市には、たとえば福岡のとんこつや札幌の味噌といったような特定の系統のラーメンがあるにはある。新潟県内の5大ラーメンといえば、燕市の背脂ラーメン、三条市のカレーラーメン、長岡市の生姜醤油ラーメン、新潟市のあっさり醤油ラーメンと濃厚味噌ラーメン。つまり新潟市には方向性が異なる2つのラーメンの潮流が存在しているわけだ。実際、新潟市内で行列ができる店の中には、あっさり醤油の店や濃厚味噌の店がある。だが、今ではそうした単一のジャンルに収まらないハイブリッド系の新店が続々と出店し、新潟市内のラーメンの系統は百花繚乱状態。新潟市民にも「あっさり醤油（あるいは濃厚味噌）じゃなければラーメンじゃない！」という意識は薄く、ご当地系ラーメン中心の、というより「何でもありのラーメン王国」の様相を呈している。

前述したもの以外のご当地グルメでいうと、予想していた魚介類は意外と少数意見（魚介類は新潟市というより佐渡産が多かったりするしね）で、それよりも黒埼の茶豆を挙げる人がけっこういた。ちなみに某バラエティー番組で取り上げられていた笹団子を推す声はあまりなく、好きな人はいるけれども老若男女が日頃からよく食べているわけではないという声が大半だった。

新潟市のご当地グルメって中毒性の高いものばかり？

さて、ここまで語ってきたご当地グルメはややインパクトに乏しい感じだが、これらとは対照的に独創的なご当地グルメとして君臨しているのがご存知「イタリアン」である。イタリアンとは、ミートソースをかけた「スパゲッティ風焼きそば」。取材前、在京の新潟市出身者に地元のオススメグルメを尋ねたところ、絶対に食べてほしいと猛プッシュされた。「イタリアンこそ新潟市のご当地グルメだ」と豪語するだけあってその味は……ハッキリ言ってビミョーだった。ただ事前に「イタリアンの魅力は1回食べただけではわからないから」とも言われていた。何回も食べ続けているうちに癖（やみつき）になってくるそうで、さらに「作り立てを食べるべし」と念を押されてもいた。確かに焼きそばにミートソースなんて超ジャンキーで一種の麻薬的なメニューではある。ミカヅキが60年以上もイタリアンを提供し続けてこられたのは、その中毒性の賜物といっていいかもしれない。

中毒性という意味では「カレー」も忘れてはいけない。新潟市はカレーの消費量が全国トップクラスの街である。昨今ではカレー風味の鳥の半身揚げやバスセンターのカレーライスが新潟市のご当地グルメとして認知され、市内の居酒屋ではカレー風味の揚げ物（唐揚げなど）を出す店も増えているようだ。先のイタリアンにもカレーソースがあるほどで、新潟市民はスパイシーな味わいに慣れ親しんでいる。ちなみに筆者の知り合いの在京新潟市出身者(40代中盤)が「パーティとかによく出てくる鳥の骨付きもも焼って、東京だと甘辛い照り焼きが多いけど、子供の頃からカレー味のももも焼を食べてたし、それが普通だと思っていた」と言っていた。「特定の地域限定なのかもしれない」とも言っていたが、もしこれが市民の共通認識であるなら、新潟市民のカレー好きはもはや伝統であり、筋金入りだと想定できる。

そして最後にお酒についても少々。新潟市のみならず新潟県のご当地酒といえば日本酒（地酒）である。新潟県の酒といえば端麗辛口、質は総じてハイレベルでダメな酒がないのが特徴といわれる。新潟市も端麗辛口ブームの火付け役となった「越乃寒梅（石本酒造）」などの銘酒を輩出する酒の街のひとつだが、ここ最近は県内の地酒のプラットフォーム的役割を担い、新潟市発で積極的に県産の地酒を全国にPRしている。新潟駅構内のぽんしゅ館しかり、大きなPRイベントでは「にいがた酒の陣」も開催されているが、それよりも筆者が注目しているのは、新潟市内に角打ち（酒を購入してその場ですぐ飲むことのできる酒店）が増えていることである。角打ちなのでお手頃価格で地酒を呑みつつ、店によってはご当地グルメをツマミで食すこともできる。というわけで、新潟市が秘かに全国の呑兵衛が注目する「せんべろスポット」になっていることをご存じだろうか。

地酒という伝統の宝、そして先のご当地グルメもひっくるめて、今の新潟市には「ご当地グルメを堪能できるせんべろの聖地」として、確固たる地位を確立するチャンスが到来しているのである。

北陸(!?)の盟主争い対金沢市で新潟市は勝てるのか?

新潟市民の意識は「関東」

かつて新潟県をはじめとした日本海側は「裏日本」と呼ばれていた。明治から戦前にかけて、政府は効率的に近代化を果たすため、東京、名古屋、大阪を重点的に開発を進めていった。優遇されるのはいつも太平洋側。日本海側の近代化は遅々として進まず、いつまでも農村地帯が広がるばかりだった。もっぱら「裏日本」は北陸地域を揶揄するワードとしても用いられ、新潟県はその代表格だったのだ。

だが、新潟県民は「北陸」に分類されることにちょっとした違和感を抱いている。政令市に移行した際も、「北陸唯一」というワードは使わずに「本州日本海側唯一」という表現を用いたりもしている。後者の方がより広いエリアを称しているし、事実だからいいんだけど、正直回りくどい。

そもそも新潟県は、日本のどの地域に含まれるのか。電力は東北電力、ガスや官公庁の分類では北陸、NHKの天気予報区分では関東甲信越に含まれる。知事会も、「三県知事会（山形、福島、新潟）」「五県知事会（茨城、栃木、福島、群馬、新潟）」「上信越知事会（長野、群馬、新潟）」と、3つに所属するなど、正確な地域区分が判然としない。

というわけで、新潟市民に「新潟県はどの地域に属しているのか」を聞いて回ったところ、その答えには「関東とは言えないけど、できれば関東に属したい」という願望が見え隠れする。「北陸なんだけど、戦後の関係性を見ると、石川とか富山はどちらかというと関西との結びつきが強い。でも、新潟は田中角栄のおかげで、東京との距離感が縮まって、関西よりも東京との繋がりのほうが強い。気候とかは北陸とか東北に近いんだけどね」とは、40代会社員の弁。確かに金沢あたりでは方言が当たり前だが、新潟市では若者から高齢者まで、ほとんどキレイな標準語を話す。県内の他市では北陸への帰属意識が強い地域も

金沢市と新潟市の主要データ比較

	金沢市	新潟市
人口	45万2220人	78万8465人
年少人口比率	12.85%	11.97%
高齢人口比率	26.51%	29.20%
外国人人口数	6233人	5871人
転入者数（1000人当たり）	39.45人	37.96人
転出率（1000人当たり）	39.09人	38.49人
出生率（1000人当たり）	7.52人	6.77人
婚姻率（1000人当たり）	5.12件	4.30件
離婚率（1000人当たり）	1.35件	1.38件

※「生活ガイド.com」より

あるが、こと新潟市においては、「関東甲信越」のほうがしっくり来るのかもしれない。

金沢市より新潟市のほうが都会ってマジ？

そんな新潟市民にとって、最大のライバル都市といえば、石川県の金沢市だ。新潟市民は「人口じゃ比べ物にならないし、街の規模では金沢に勝ってる」と息巻くが、金沢市民は「加賀百万石って言われていたように、歴史では金沢のほうが断然上。〝小京都〟と呼ばれるように文化的にも金沢が圧勝」と、考えている。このように、両市民はライバル心を隠さない。

じゃあ、一般的にはどちらが上だと考えられているのだろうか。Ｊタウンネットが新潟、富山、金沢、福井の4市で「一番発展した都会はどこか？」というアンケート調査を実施したところ、新潟市が51・9パーセント、金沢市が38・6パーセントで新潟の圧勝。全国的に見れば、新潟市のほうが都会だと見られているようだ。一方、都道府県別に新潟市と金沢市の得票数を見ると、新潟市優勢が27、金沢市優勢が15（残り4県はほぼ同数）。だが、北陸4県だけの得票数にかぎってみると、金沢市が60・8パーセント、新潟市が32・3パーセントと逆転現象が起こる。北陸4県（便宜上こう呼ばせてもらう）のなかでは、金沢市が盟主であるという意識が強いようだ。

だが、新潟市民は東京への帰属意識が強く、北陸の盟主の座にはそれほど興味がないから、北陸4県の得票数で金沢市に上回られても、あまり悔しくもない。むしろ関東圏での支持が高いことに鼻高々といったところか。両市の意識はベクトルが異なるのだから、そこまでライバル意識を抱かなくてもいいんじゃないかとも思う。だが、古くは同じ越国だったわけだし、合併前の新潟市は人口の規模でも金沢市と大きな差はなかったから、似た者同士の街としてライバル心が育まれてきたのだろう。

最後に金沢市も取材した筆者の率直な意見を述べさせていただくと、まちづくりや魅力については金沢市のほうが一枚も二枚も上手だと思う。観光資源も豊富だし、繁華街でも、金沢市の香林坊界隈は人出が多く、衰退著しい古町よりもにぎわっている。意外と新潟市が金沢市に学ぶ部分は多いんじゃなかろうか。

加賀百万石として名を馳せる金沢市。歴史や文化的な側面では新潟市を圧倒しており、「北陸の盟主」を自認している

新潟市民は金沢よりも都会だと思っているそうだが、筆者が市内を回ってみた限り、どうも金沢のほうが都会のような気が……

地震や水害が発生しやすい！新潟市民に根づく防災意識

今も市内で語り継がれる新潟地震の記憶

新潟県はフォッサマグナ地域に位置しているため、平野部や丘陵部などで多くの活断層が確認されている地震多発地帯でもある。震度5以上の地震被害の数は全国5位で、古くから地震災害に見舞われてきた。

もっとも古い地震の記録は、平安時代に編さんされた「日本三代実録」に残されている。863年に発生した大地震は、推定マグニチュードは7・0で大津波が妙高山麓まで打ち上げ、直江津の島々が崩壊したという言い伝えが残されている。江戸時代には高田や佐渡で地震が頻発し、それぞれ甚大な被害をもたらした。新潟県と災害は切ってはきれない関係にあるのだ。

こうした県の地震の歴史のなかで、新潟市民の意識に強く刻まれているのが、1964年に発生した新潟地震である。震源地は新潟県下越沖でマグニチュードは7・5、震度5の揺れを記録している。市内では、国体に合わせてつくられた昭和大橋の崩壊、鉄筋コンクリートの県営住宅の倒壊、昭和石油新潟製油所のタンク火災などを引き起こした。この火災は鎮火までに約2週間もかかり、市街地まで黒煙に覆われたという。この地震では津波も発生し、湾岸部や河口付近でも壊滅的な被害をもたらし、市内のあちこちで液状化現象が発生。鉄筋コンクリートづくりの基礎杭やコンクリートの耐震性不備が露呈し、のちに建築基準法改正の契機ともなった。

当時、ボランティアとして新潟地震の被災状況を目の当たりにした防災・危機管理アドバイザーの山村武彦は「途中新津駅で電車は停まり、その後はヒッチハイクのようにトラックなどに便乗させてもらい市内に入ったのです。そこで見たのは、昭和石油のタンクから上がる煙で真っ黒になった空、液状化か信濃川津波遡上のためかそこいらじゅう水浸しでした。ようやくたどり着いた友人の家は瓦が落ち、窓ガラスが少し割れていましたが友人は無事でした」（防災システム研究所ホームページより）と、悲惨な状況を記している。

だが、この地震による市内の死者は11人、負傷者は120人と、建物の被害に比べて人的被害は少数に抑えられている。当時、人命を救ったのは、市民による互助精神であった。たとえば、被害の激しかった白山小学校では、避難場所を校庭から屋上、空き地、野球場前、県庁分館と転々としたが、その際に教職員が一丸となって全児童を避難させたという。白山小には今でも当時の避難の様子を伝える銅像が建っている。

土地が低いから水害も起きやすい

新潟市では地震だけでなく、水害も発生しやすい。新潟市域の大部分は標高が5メートル以下の平野部に位置し、海抜ゼロメートル地帯も散在しているからだ。さらに、越後平野は、信濃川、阿賀野川の二大河川およびその他の河川が複雑に入り組んでいるため、これまでも大規模な水害を受け続けてきた。

1600年からの350年間で記録に残る大洪水は94回にものぼり、ほぼ4

新潟市の主な災害表

年表	災害名	特筆被害または特徴
1880年	新潟町大火	6000戸以上焼失
1896年	横田切れ	浸水1万8000ヘクタール
1955年	昭和新潟大火	焼失面積78,000坪
1964年	新潟地震	死者数11名
1998年	平成10年8月新潟豪雨	1時間97㎜の記録的豪雨
2004年	新潟県中越地震	建物被害7棟
2007年	新潟県中越沖地震	建物被害87棟
2010年	大雪被害	停電数2,850件
2011年	新潟・福島豪雨	農作物被害2389件
2014年	新潟市大雨洪水	道路被害152件
2017年	台風18号	停電2,462軒
	台風21号	停電3,095軒

※各種資料により作成

年に1回は大洪水に襲われていた。土地が河川の水位よりも低いので、辺り一面が海と化すような大規模な被害をもたらした。そのため、新潟市が発展をする上で、治水対策は欠かせなかった。1896年に起きた「横田切れ」という破堤では、越後平野一帯の約1万8000ヘクタールが浸水。これによって、建設されたのが信濃川の洪水を日本海へ直接放流する大河津分水路である。実は、「横田切れ」が発生する以前から、農民から分水路の建設は幾度となく請願されていた。1735年には、寺泊町の豪商だった本間数右衛門が幕府に請願。その後も何度となく請願が行われてきたが、ことごとく却下されてきたのだ。というのも、当時の新潟県内では分水路に対して、反対派も多かったからだ。当時の新潟町は、長岡藩の港町として発展していた。そのため、信濃川の水量不足によって河口に土砂が堆積して、港の機能が低下するリスクを恐れて関係者が反対に回ったのである。三潟で排水工事が行われた際も、新潟町は反対。農民が苦しんできた水害に対して、港湾を守ることを優先する立場をとっていた。米どころを最大のアピールポイントとしている今の新潟市では考えられないような状況だったのだ。

ともあれ、大河津分水路が約200年の時を経て、1931年に完成すると、新潟市内の水害は激減した。それでも、新潟市が構造的に水害が起きやすいことに変わりはない。市が公表している洪水ハザードマップを見ると、新潟砂丘周辺以外は、ほとんどすべてが浸水想定区域に該当する。1998年には、新潟市で観測史上最大となる1時間97ミリ、1日降雨量265ミリという記録的な豪雨によって床上浸水1381棟、床下浸水7959棟という甚大な被害がもたらされた。大河津分水路の老朽化も叫ばれているし、毎年のように全国各地で豪雨災害が起きている。近年の気象を考えると、新潟市でいつまた大災害が起きてもおかしくない。しかも、土地が低いとあって、その被害は広島や熊本以上になりかねないのだ。

徹底した教育によって防災意識はすこぶる高い！

だが、これだけ災害が多くある土地柄だけに、新潟市民の防災意識はすこぶる高い。たとえば、新潟地震の教訓を今に伝えるため、新潟市では毎年6月16日午後1時2分に全市一斉地震対応訓練を実施している。携帯電話の緊急速報のメールが一斉に鳴るようにもなっており、全市民が参加するかなり本格的な訓練だ。まあ、なかには「また毎年のやつか」なんてスルーする人もいるのだろうけど、筆者が出会った新潟市民の多くは、この訓練に従って、テーブルの陰に隠れるなどの行動を起こしているそうだ。市内の企業の一部には、6月16日だけは、社外打ち合わせを避ける風習もあるらしい。毎年実施しているとあって、40代女性は「新潟市に暮らしていたら、一生に一度は大地震にあうと覚悟しておかなきゃダメなんです。家には避難セットを1階と2階に用意していますし、中越地震でも慌てる人はほとんどいなかったと聞いているし、新潟市民新潟市民の防災意識はけっこう高いと思います」と、語っていた。

　こうした意識が市民に根づいた背景には、小中学校からの防災教育がある。たとえば、信濃川と中之口川があり、浸水被害が想定されている新潟市南区では、中学生向けの防災教室を企画・実施した。授業の終わりに5分程度で終わってしまうようなものではなく、2012年から2014年の3年間に渡って、専門家の講義を受ける時間を設けたのだ。災害についての基本的な知識だけでなく、地域の特性を交えた現実的な被害想定なども具体的に講義することにより、子供の防災意識を高めている。その他、市内の各区でも防災に関するDVDを配布するなど、防災教育は徹底して行っている。万が一の事態が起こった際には、小中学生でも適切に行動し、「自助・共助」を行えるようなリテラシーを叩きこんでいる。「災害は忘れた頃にやってくる」という教訓を、絶対に忘れないのが新潟市民なのだ。

豊かな水資源に囲まれた新潟はいわば「日本のベネツィア」。それゆえ、過去には市域全体が海と化すような水害も発生した

西に面する沿岸部は大河津分水によって、海岸の土砂が流出。浸食対策の工事が行われている。水との戦いは新潟市の宿命である

新潟市コラム 2

『2万光年翔んで新潟』の映画化はある？

2019年に大ヒットした映画『翔んで埼玉』を覚えてるだろうか。東京をこよなく愛する新潟市民にとって、埼玉県なんて二の次だし、まったく関係ない話かと思いきや、意外な接点がある。マンガ好きならお祭しの通り、原作者の魔夜峰央が新潟市出身なのである（左頁の写真は母校の新潟南高校）。だから、「なんで『翔んで新潟』にしてくれなかったんだ！」と思った新潟市民も多いはず。

だが、そんな新潟市民の思いに応え（たかどうかはわからないが）、2020年、ついに『2万光年翔んで新潟』（小学館）が発売された。新潟日報の記事になったぐらいだから、市民の期待値も高まっていることだろう。もしかしたら新潟が映画の舞台になって大ヒットするかも……と。

だが、結論から言って、『2万光年翔んで新潟』が映画化されることは9割方ありえない。すでに読んでみた人ならわかるだろうが、この本はあくまで短編集。

冒頭の作品のみ新潟をテーマにしているのが、残りの8割は新潟とはまったく関係ない短編が収められている。そもそも『2万光年翔んで新潟』と名付けられた冒頭の作品も、もともとの原題は『目玉のマッちゃん』。内容も『翔んで埼玉』のように、ストーリー立てられてはいない単発ネタだから、映画化するのはかなり難しいのだ。実際、巻末インタビューで、本人も「映画にするとかは難しいでしょうね」と明言している。これには、一読した新潟市民もガッカリしたことだろう。

だが、この本を読む価値はあると思う。というのも、巻末インタビューがけっこう面白いのだ。新潟市出身者でないとわからないようなネタが満載で、なかなか興味深く読ませてもらったし、本書の執筆の際に参考にもさせてもいただいた。
詳しくは実際に手に取って読んでいただきたいが、インタビューの中盤で「新潟県民だと感じる瞬間は？」という問いかけに対する回答を一部抜粋させていただきたい。
＜やっぱりTV番組などの県のランキングで新潟が上のほうだと嬉しいですね。（中略）やっぱり新潟県民は自分のことを田舎だとは思っていないですね。新潟市は日本海側で第一の都市という誇りをもっていると思います。あとは東京に直結しているという自負みたいなものをもっていますね＞
実に、言い得て妙ではないだろうか。さすがは大ヒット作品を飛ばしただけあって、その観察眼は本物だと思う。そのほか、著者のちょっとした新潟エピソードも面白いので、興味がある人はご一読をオススメする。

第3章
新潟市民って
どんなヒト

越後農民をベースに各地区で異なる新潟市民気質

気質の根幹にある越後農民の遺伝子

県民気質県民性が盛んに語られるようになって久しく、新潟県民もさまざまな指摘がされている。各媒体の指摘を総合してみると、一般的に新潟県民は「忍耐強い」「勤勉」「保守的」という印象が強い。朴訥な感じがいかにも地味で、そこには外向的な派手さはまったく感じられない。まさに越後農民のイメージそのものといえるだろう

よくいえば屈強な精神力を持っているともいえるが、そうした県民性は女性にも共通している。新潟女性は、勤勉で粘り強く、黙々とどんなことにも耐えて仕事をこなすとされている。看護師や旅館の女中など、辛抱強さが必要な仕

事に就く新潟女性は、昔から多かったといわれている。こうした遺伝子は今も受け継がれており、新潟市の女性は他の政令市と比べて、有業率がトップクラス。結婚する・しないにかかわらず、とにかくよく働く。

そもそも新潟県は、伝統的に教育への関心が薄く、働くことを何よりも優先する地域だった。とくに女子の教育にはまったくの無関心で、そうした事情によって、新潟の女性は教育も満足に受けさせてもらえず、粛々と働く「下積み」的な性格になったとする説もある。

だが、古い男性的視点で見れば、働き者で、かつ「新潟美人」といわれる新潟女性は理想的ともいえる。新潟県には「杉と男は育たない」という格言がよく語られる。湿地が多い新潟県では杉が育たないように、働く女性によって支えられる男性は、女性に依存しがちで自立心に乏しいという意味だとして理解されている。ただ、この格言には裏側があるようで、西区生まれの60代男性は、越後の米農家特有の習わしを指摘している。

「新潟の農家はちょっとした小金持ちが多くて、長男が家督を継ぐ風習が根強い。一般的に、次男坊や三男坊は長男が継いだ本家から米をもらえるので、あまり働く必要がない。自立しなくても何とか食べていけるから、全然上昇志向がないんだよ。だから働くのはめっぽう女のほう。しかも新潟の女性は、どんなにぐうたらな亭主でも決して見捨てない。浮気しても辛抱強く耐えちゃうもんだから、甲斐性なしも多いんだよね」

新潟男性自ら、そこまで語ってくれたのだから、やはり「杉と男は育たない」という格言は今でもしっかり根づいているのだろう。

新潟駅を挟んだ東西で異なる新市域の住民気質

さて、ここまでは新潟県全域の気質について語ってきたが、新潟市民だけの特徴はあるのだろうか。新潟市は、県内屈指の穀倉地帯を形成しているが、それは大合併によって、市域がかなり広がったことも関係している。旧新潟市域は、港湾都市でもあり、歴史的に農民というより、商人気質が育まれていると考えられる。つまり新旧市域によって、その気質にも若干のちがいはあるはずだ。

まず、新しく合併した地域の気質は、先に触れた典型的な農民気質がベース

新潟市民の気質

男性	女性
真面目で粘り強い	芯が強くて行動力がある
保守的で堅実	男勝りな一面がある
頑固で見栄っ張り	世話好きで優しい
上昇志向がない	自立心が強い
家事には非協力的	尽くすタイプが多い

※各種資料や取材をもとに構成

になっている。だが、大きく分けて、西側と東側で、その性質は異なるようだ。西蒲区出身の女性は「東区とか北区とかは、ちょっと雰囲気がちがう。お互いに新潟駅より向こうにはほとんど行かないから交流もないんだけど、話していてもなんとなくズレを感じる」という。そのズレの正体を探るべく、各地で東西住民の気質のちがいを聞いてみると、生まれも育ちも豊栄だという70代男性が興味深い指摘をしてくれた。「西蒲区辺りは、昔っからの土着民が多くて、意固地というか頑固な人が多いんだよな。逆に、こっち側は戦後にどっと人が押し寄せて、もともと県外出身で根づいた人も多い。先に発展したから、いろんな考え方に寛容なんだよ」と、西側のほうが越後農民の気質が色濃く残っていると話してくれた。確かにヤンキーも西側に多いというし、いかにもド田舎な田園風景が広がる巻に比べ、東の豊栄はアーケード商店街（今はシャッター街だけど）などもあり、昭和期に大きく発展した様子がうかがえる。

また、鉄道の街として発展した新津や、大工場によって地元経済を支えられている亀田は、それぞれ農業よりも企業従事者が多いので、一般的な越後農民とは異なる血が入り混じっている。こうしたエリアの住民はおしなべて地元に対するプライドやこだわりが強く、新潟市という共通意識よりも、かつての市名や町名を愛していたりもする。豊栄エリアに新設された北区文化会館の入り口にはバカでかい「豊栄」という石碑が建てられており、「北区」という看板の方が小さくなっている。新津や巻は合併の際にひと悶着あったし、新潟市という共同体意識はそれほど定着していないのだろう。

生粋の中央区民はボンクラばかり!?

では、港町だった中心市街地はどうか。ある西区民は「中心市街地に生まれるのは、たいてい学のあるボンボンだよ。だから、大学に通う連中も少なくない。大学に行ったら、その後はだいたい上京して帰ってこないから、生粋の中央区民のほうが少ないんじゃないかなぁ」という。確かに、新潟駅前や古町周辺の飲み屋で出身を聞いてみても、ほとんどが中央区出身ではなかった。中央区民は、そこそこ裕福でそれなりに勉強もしてきているので、客商売ではなく、公務員などに就くことが多いそうだ。

ちょっとランクが高そうに見える中央区民だが、実態はそうでもないと先の西区民は語る。「だいたい新潟市内に残っているのは、上京できなかった人ばっか。優秀な連中は市内で働こうなんて思わないよ。だから、上昇志向のない人材しか残っちゃいない。そんなのがお役人やってるんだから、新潟市はご覧の有り様だね」。まあ、あくまで個人的な意見ではあるが、これまでの新潟市政の体たらくを見ていると、あながち間違ってはいないんじゃないかと思ってしまう。もっとも安定志向で閉鎖的な気質が強いのが、農民ではなく、中心市街地の住民というのは何とも皮肉な話である。

越後女性は縁の下の力持ちとして男性を支えるうえ、美人も多いとされている。そのせいで男性が育たないというのが定説だ

進取の気質がある男性は上京してしまうことが多く、新潟市に残った男性は、現状維持を望む保守的な気質が色濃いとされている

戦後に教育改革を先導した学閥のトンデモない現状

実学志向で学校教育には関心がなかった

新潟県は実学志向で、それほど学校教育への関心は高くなかったといわれる。江戸時代以降、越後の人々は将来の実生活に役立つ学問を子供たちに学ばせようとする傾向が強く、学校教育は役に立たないと考えられていた。そのため、戦後の新潟県では児童や生徒の学力低下が叫ばれ、広く実態調査まで行われた。昭和から平成に移る頃には県内の大学進学率の低さが問題になったこともある。このように、新潟県を広い目で見ると、教育面では一日の長がある石川県などの後塵を拝している。

だが、そのなかで新潟市だけは、市内に8大学、4短大、42の専修学校が立地し、県内の大学や短大、専修学校の約6割が集積している、そのため、大学進学者の割合は74・5パーセントと政令市のなかでも9位。高校も29もあり、朝夕の新潟駅前周辺には学生の姿が目立つ。かつて学力レベルが低いといわれたものの、新潟市内には優秀な若者も少なくない。何せ県内トップの偏差値を誇る新潟高校に加え、県下の最高学府である新潟大学もあるのだ。教育に疎い新潟県にあって、新潟市だけは学都を形成しているといえよう。

市内の教育熱を高めた学閥の惨憺たる現状

そんな新潟市に教育の芽が植えつけられたのは、戦後の教育改革によるところが大きい。現在の新潟大学教育学部の前身である新潟第一師範附属小学校では、全国に先駆けて社会科の研究を行い、地域の問題を追及していく「新潟プラン」を策定。これが着実な成果を上げて、教育熱が高まっていったのだ。

この教育プランを強力に推進したのは、戦後すぐから存在する「ときわ会」という教育団体である。具体的にどんなことを行っているかといえば、ホームページを見てもよくわからない。どうやら学校教育にまつわる研究を行っているようだし、バナーには文部科学省、新潟県、新潟市が連名で記されているのだが、具体的にどんな組織体系で、何を目的に活動しているのかまではヴェールに包まれている。というか、一般社団法人などといった団体の法人格さえない。まったくもって謎多き団体である。

結論から先に言うと、この「ときわ会」というのは新潟県の教育行政を裏でコントロールする学閥である。実は県内には3つの学閥が存在している。旧新潟師範学校を母体とする「ときわ会」のほか、旧高田師範学校をもとにした「公孫会」、その他の大学系を「新陽会」という。県内小中学校の教員のうち、3分の2が、このいずれかの学閥に所属し、残りが無派閥だ。

ちょっと都市伝説チックではあるが、新潟県の教育行政は、この3つの学閥によって支配されている。県内にある小中学校の校長・教頭のポストを、3つの学閥出身者がほぼ独占しているのだ。そればかりか県内にある教育委員会の主要ポストも、ほとんどが学閥出身者で占められているそうだ。新潟県の教職員が出世するためには、学閥に所属していなければならない。逆に、無派閥の

新潟市高校偏差値表

偏差値	学校名	公立／私立	区
73	新潟高等学校理数科	公立	中央区
71	新潟高等学校普通科	公立	中央区
69	新潟南高等学校普通科理数コース	公立	中央区
65	新潟南高等学校普通科コース	公立	中央区
64	新潟明訓高等学校	私立	江南区
61	新潟中央高等学校普通科学究コース	公立	中央区
60	新潟市立万代高等学校英語理数科	公立	中央区
60	東京学館新潟高等学校普通科特別進学コース	私立	中央区
59	新潟江南高等学校	公立	中央区
58	新津高等学校	公立	秋葉区
58	巻高等学校	公立	西蒲区
36	豊栄高等学校	公立	北区
36	白根高等学校	公立	南区

※「みんなの高校情報新潟」から作成

教職員は管理職試験さえ受験できないという証言もある。新潟大学出身ではない無派閥の教職員は、一般会員として会費を払って所属することを希望するという。かつては高い志を抱いた教育団体だったようだが、現在は完全な利権団体になっているという指摘もあり、学閥支配を訴える教職員も少なくない。

新潟市でも、こうした学閥に対する批判は展開されている。新潟県教職員労働組合のホームページには、はっきりと「学閥の関与を許さない」と記されているのだ。その記事によれば、新潟市では学閥によるパワハラが横行しているという。たとえば、市内に異動してきた教職員に対し、『派閥に入れ』という勧誘をしつこくされたりもするそうだ。新潟県ではリタイアした教職員を対象に再任用制度を設けて、短時間勤務を許可しているのだが、新潟市では教員が不足していることを理由に、フルタイム勤務を押しつける事例が発生している。また、新潟市内在住で、市外で勤務している教職員がいるのだが、こうした教職員が市内勤務を希望しても、なかなか是正されることはない。

組合によれば、こうした人事問題の数々を裏で牛耳っているのが、「ときわ会」をはじめとした学閥だと指摘している。実際、地元紙に不当人事を訴えるような投書をして、学閥のボスに始末書を書かされたケースもあるという。

新潟市は、高校も大学も県下最高の頭脳が集まる学都であることに変わりはない。だが、その土壌を育んできたはずの学閥が、単なる利権団体と化してしまっている現状は異常だと言わざるを得ない。もちろん、学閥によって守られている伝統もあるのだろう。所属している教職員たちのほうが多数派なので、団結を促す効果もあるはずだ。

ただ、そんな教育界の実態を知ったら、子供たちは何を思うだろうか。組合の指摘がすべて本当だとしたら、子供を教える立場の人間が、徒党を組んでいじめに近い行為を平然とやっていることになる。

教育のあるべき姿とはいったいどんなものなのか。もう一度、原点に立ち返って、学閥のあり方を考えるべきではないだろうか。

新潟高校は県内の偏差値ランキングでトップをひた走る名門校。東大や京大といった旧帝大にも卒業生を送り込んでいる

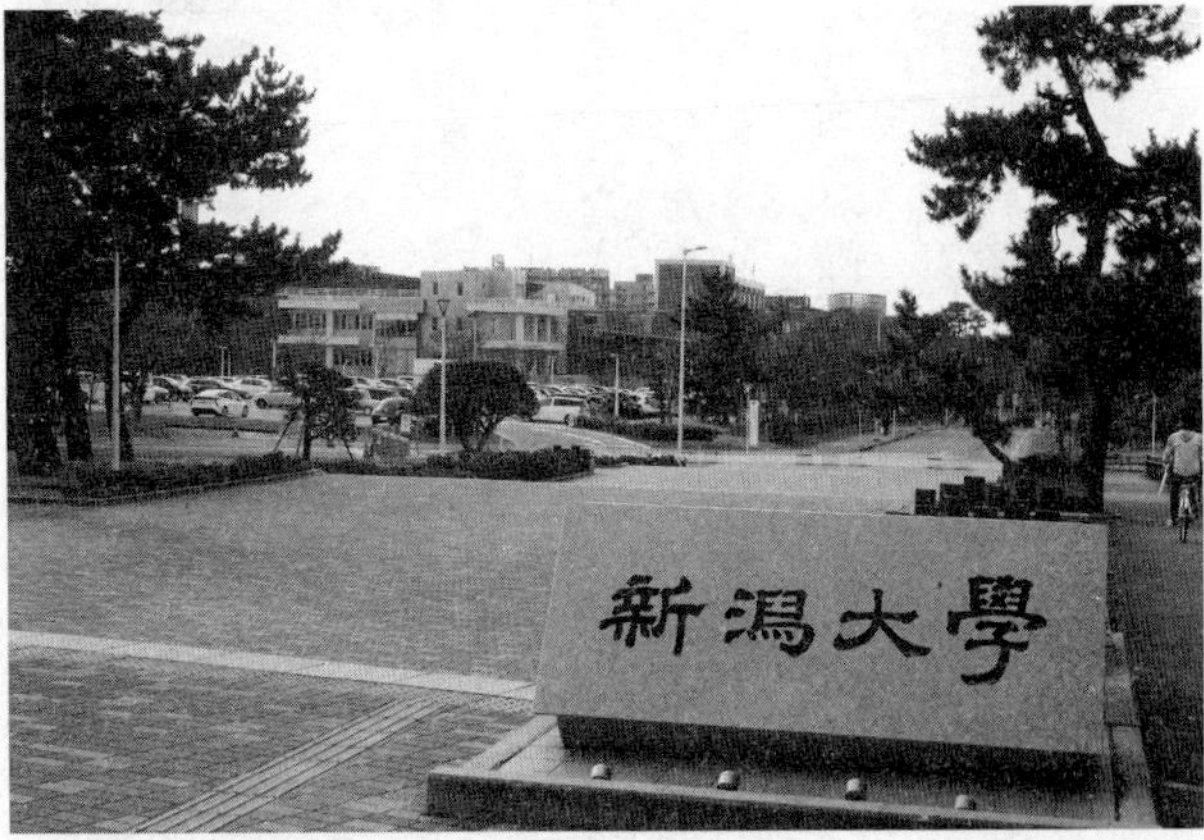

旧師範学校を前身とする新潟大学の卒業生を中心に学閥を形成。県内の教育界を裏で牛耳る強大な権力をもっているとされる

スポーツ好きな新潟市民を熱くさせるアルビブランド

大成功を収めたアルビのブランド戦略

新潟市民はスポーツが好きだ。たまたま入った大衆居酒屋では相撲の生中継が映し出されており、白髪まじりのオッチャンたちが吉乃川をくいっとやりながら、真剣な眼差しでテレビを見つめていた。その光景は、昔の日本を思い出すようで、郷愁の念に駆られてしまった。在京の新潟出身者にも大の相撲好きを数人知っているし、生まれてもいないはずなのに、羽黒山の話を聞かれたこともある。また、メキシコ五輪金メダリストの宗村宗二をはじめとして、意外にもレスリング王国であることも、その彼に教えられた。彼が特別に地元のスポーツ事情に詳しかったのかもしれないが、取材中に野球の話で盛り上がるサラリーマンを数組目撃したし、鳥屋野潟周辺のスポーツ施設の充実っぷりを目の当たりにもした。ましてや市長が交代した今も、プロ野球チーム招致の熱は冷めていない（182頁で詳述）。スポーツは娯楽の少ない新潟市民にとって、貴重なレジャーなのだろう。

そんな新潟市民を熱くさせているのが、アルビレックス新潟だ。2001年のJ1昇格の時は、そりゃあすごい盛り上がりだったと皆口を揃える。優勝を決めたホーム戦には4万人が詰めかけて大声援を送ったという。新潟初のプロスポーツクラブだったこともあり、その人気はうなぎ上りであった。今も市内のスポーツバーで、熱心なサポーターにアルビの話題を振ったが最後、延々1時間はJ1昇格時の話を聞かされることになる。

そこまでアルビが新潟市民に定着したのは、巧みな経営戦略にある。とくに「アルビレックス」というブランドを売り出すための手法は見事というほかない。現在、アルビレックスブランドを冠する団体は、7種13チーム。Jリーグに加盟している新潟アルビレックス、地域密着型運営と企業チームのいいとこどりをした新潟アルビレックスランニングクラブ、自動車専門学校で学んだレーサーの活躍の場として設立された新潟アルビレックスＲＴ。日本初のプロバスケットボールチームとして誕生した新潟アルビレックスＢＢと、ＢＢラビッツは、それぞれ休部を余儀なくされた社会人チーム（大和証券ホットブリザーズとＪＡＬラビッツ）の受け皿となった。それほど「アルビレックス」の名前は、あらゆるスポーツ団体に使用されている。

実は、このアルビレックスブランドは、名前が共通しているだけで資本関係はない。ただ、先行して立ち上げたアルビレックス新潟で培った経営のノウハウを共有したり、ブランド管理を一元化することで、新規に発足する競技でもなるべくリスクがないよう工夫されている。また、競技間の連携も積極的に行っている。たとえば、サッカー観戦でもらうプログラムを持っていくと野球がタダで観戦できるイベントを行ったり、球技会場にアルビのレーシングカーが展示されていたりする。競技の枠を超えてファンやサポーターが自然増殖する仕組みが、出来上がっているのだ。

その一方でデメリットもある。スポーツ後援に積極的な会社は限られているから、スポンサーが被りやすいのだ。ブランドをサッカーが一元管理している

アルビレックスブランドを冠する団体チーム
アルビレックス新潟
アルビレックス新潟シンガポール
アルビレックス新潟バルセロナ
アルビレックス新潟プノンペン
アルビレックス新潟レディース
新潟アルビレックスBB
新潟アルビレックスBBラビッツ
アルビレックスチアリーダーズ
チームアルビレックス新潟
新潟アルビレックスランニングクラブ
新潟アルビレックス・ベースボール・クラブ
アルビレックスレーシングチーム
オールアルビレックス・スポーツクラブ

アルビレックス新潟グッズ
ユニフォーム
アルビレックスヒートシルクマスク
アルビスポーツマスク
英国製BARマフラー
フィールドトートバッグ
ZNEフルジップフーディー
アルビ・リッチカレー
新潟県産コシヒカリ「アルビ米」
アルビマグロここだけ限定超豪華一本釣りセット

各種資料、アルビレックス新潟公式サイトから作成

ため、他の競技でロゴ使用の許諾を得るために時間がかかる。だが、そうした点を割り引いても、アルビのブランド戦略は大成功といえる。

敏腕社長退任でサポーターに広がる不安

さらにすごいことに、アルビ（サッカー）は、海外での戦略でも成功を収めている。実はシンガポールのプロリーグ「シンガポールプレミアリーグ」に参戦。２０１６年シーズンからは3年連続リーグ優勝を果たすなど、強豪としての地位を欲しいままにしているのだ。

だが、そんなアルビレックス新潟シンガポールは存続危機にさらされたことがある。こちらは完全にアルビレックス新潟の子会社で、２００４年から現地のリーグに参戦。もともとは、アルビレックス新潟に海外の有望選手を加入させるための目論見で、投資を重ねていたが、クラブ運営は順調に進まなかった。日本からの資金投入が途絶え、独立採算制を余儀なくされた。だが、ここからクラブの大逆襲劇が始まった。２００８年に是永大輔が経営者に就任すると、わずか10年でクラブの売り上げは約50倍に。売上高40億円を記録するまでの人気チームとなっている。是永は、サッカー観戦だけでなく、カジノを経営することでクラブの利潤を追求。予算規模を増加させ、日本の若手選手を引き抜いて強豪へと育て上げた。

そんなやり手の是永が、２０１９年にアルビレックス新潟（本隊）の社長に就任した際には、サポーターは期待に胸を膨らませた。実際、ここまでのサポーターの評価はうなぎ上りだったのだ。だが、２０２０年11月に、所属する外国人選手が飲酒で検挙され、クラブ側もＪリーグへの報告を隠蔽したとして、是永社長は引責辞任することになった。しかし、後任の中野社長に対しては一抹の不安が残るようで、「せっかくうまくいっていたのに……」と嘆く声が多い。是永への期待値が高かっただけに、ガッカリ感もハンパじゃない。Ｊ１定着という夢を叶えるべく、安定した経営戦略を描けるのか。サポーターに不安が広がっている。

新潟駅周辺に掲げられていたアルビのノボリ。期待されていた社長は辞任してしまった。アルビの今後はどうなるのか

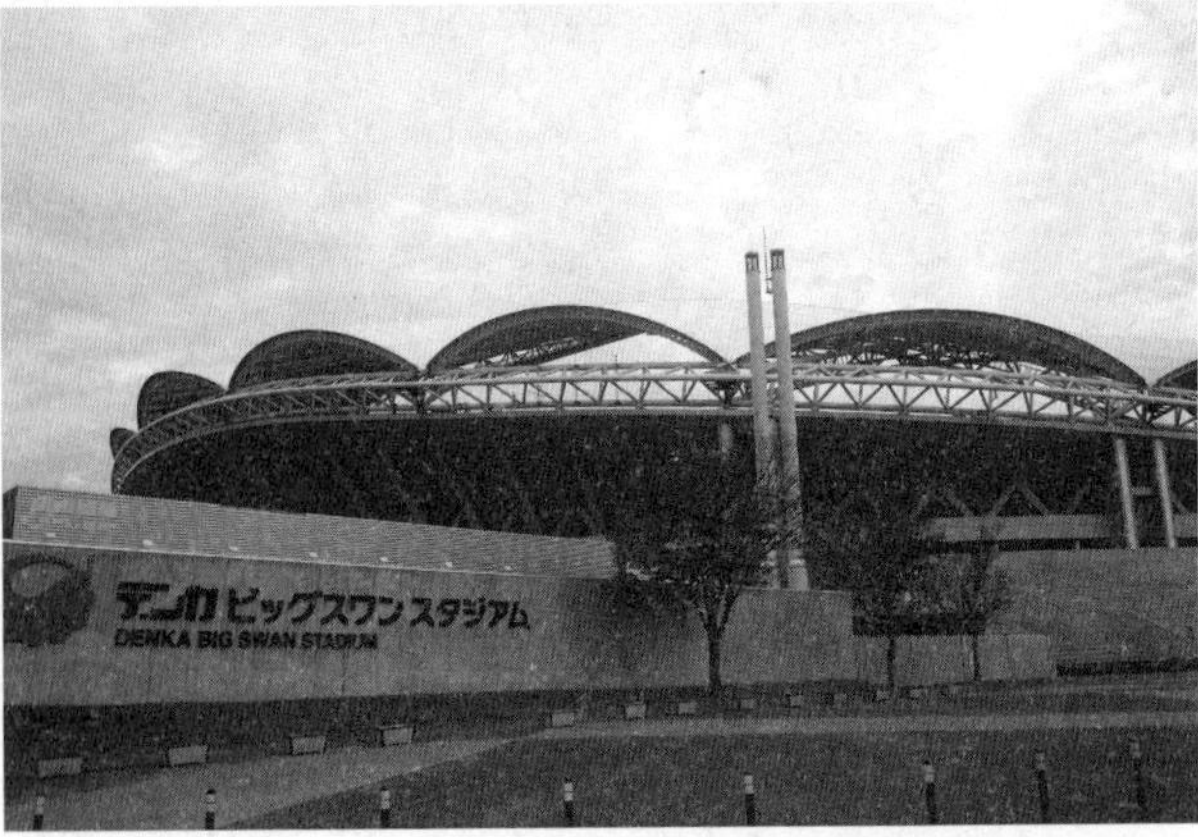

デンカビッグワンスタジアム周辺では、新たな応援グッズにペンライトを採用し好評を博した。新チーム構築は着々と進められている

なぜ新潟市に来たの？新潟移住者の本音

新潟移住ライフのポイントはコミュニケーション力

転出超過の新潟市だが、北陸屈指の工業集積地でもあり、転勤者もそれなりにいる。転入者のおもな年代は30～40代。実家を継ぐためにUターンで戻ってくるケースも少なくない。では、そんな移住者やUターン者にとって、新潟市の暮らしはどんなものなのか素直なところを聞いてみた。

まずは、実家の両親が病を患ったため、2年前にUターンしてきた中央区の30代男性。東京ではIT系の企業を約10年ほど転々としていたが、一念発起して家業を継ぐことに決めたという。幼少期を新潟市で過ごしたため、勝手知ったる土地のはずなのだが、男性は戻ってきた当初、戸惑いを隠せなかったという。「東京にいるときは、ほとんど実家に帰ってなかったんですよ。年末年始は何だかんだで仕事が入ることが多かったので。だから久しぶりに新潟に戻ってきたときは、本当に驚きました。僕が通っていた店はほとんどなくなってしまっていたし、どんどん街が衰退しているような印象を受けました。実家は商いをやっているので、正直不安のほうが強かったですね。とくに東京とちがうのは昼間に人がなかなか出歩かない。だから商売をやっていると、人脈がすべてなんです。一見さんなんてほとんどいないから、常連を大事にしないといけない。東京にいた頃は営業やプレゼンで売り込んでいましたが、今は人柄で売らなければならないので、全然勝手がちがいますね」。男性は、疎遠になっていた地元の友人と飲み会をしたり、なるべく遊ぶようにして顧客を増やしているそうだ。新潟市内で新しい店舗が成功を収めるためには、何よりも横のつながりを大事にしなければならないという。

新潟駅前には全国チェーンもあるが、どちらかというと目立つのは地元チェーンとこぢんまりとした小さなお店だ。こうした店が生き残ってこられたのも、新潟市民とのコミュニケーションを密にとってきたからだろう。順風満帆な新

新潟市移住者の本音

移住して良いと思った点	移住して大変と思った点
新潟市なら都会と変わらず困らない	新潟市外は田んぼしかない
都会より疲れないし田舎すぎない丁度よさがある	人間関係が仕事に直結する
飯がうまい！酒がうまい！	繁華街まで遠い…
何だかんだ東京や東北にも近い	車がないとイチイチ面倒
地元だから安心感がある（Uターン者）	レジャー等施設の少なさ
新潟の人は優しい	他県と比べると寒い
比較的広い住宅に住める	電車の少なさ
自然との距離が近い	給料の水準が低い

※各種資料により作成

潟ライフを送るためには、積極的にコミュニティに入り込む姿勢が肝心だ。

先述の男性はUターンだからまだいい。他県からやってきた業界系新聞社勤務の男性は、新潟市で寂しさばかりを覚えているという。「新潟市はいいところだと思いますけど、やっぱり友達が一人もいないっていうのは寂しいですよ。飲みに出ても、気を置けずに話せる人がいない。だから、飲み歩くしかないんですけど、新潟は夜が早いですからね……」と、グラスを傾けながら、うつむき加減で話していた。ちなみに、男性と出会ったのは古町のガールズバー。しこたま酔っていたが、筆者がマスコミ関係だと知ると、溜まっていたうっ憤を晴らすように饒舌になった。

新潟市民は、義理や人情に厚く、人当たりがいい。居酒屋でも初めて会った客だというのに、気兼ねなく話してくれる人ばかりで居心地がよかった。その一方でコミュニティは熟成されている。きっと新潟市民はウェルカムなんだろうが、県外からの移住者が、既存のグループに入り込むのは容易ではない。新潟の移住ライフで重要なのはコミュニケーション力なのかもしれない。

東京の表参道には、新潟への移住を支援する「ネスパス」がある。東京への人材流出が多いためUターン施策は今後のカギでもある

若いファミリーの移住者を狙っているが、新潟市に来るのは転勤者ばかり。保育園がいっぱいあって、環境はいいんだけどねえ

新潟市コラム 3

爆破予告にも動じない新潟市民

2020年10月1日未明、新潟県全域でこれまで経験したことのない緊張感が走った。某インターネット掲示板に「10月5日4時33分に県内の全ての教育機関等を爆破する」といった趣旨の爆破予告が書き込まれたからだ。これを受けて、一部の学校では対策を取らなければならなかったらしい。とりあえず何事もなかったからよかったものの、ヒヤリとした事件であった。

近年、こうした爆破予告が全国的に頻発している。仮想通貨を求めるものだったり、臓器提供を求めるものだったり、内容の文面はさまざまだ。共通しているのは庁舎や教育機関を狙うというもの。インターネットの普及によって、誰もが簡単に犯行予告ができる環境にあり、その9割以上は単なるイタズラだったりする。

ただ、かつてインターネットの犯行予告から、凄惨な事件に発展したこともあ

る。もっとも強烈に記憶に残っているのは、2008年に発生した秋葉原通り魔事件だ。犯行直前までの経緯を書き込み、詳細に実況しながら、7人が死亡、10人が重軽傷を負うという悲惨な結末となった。ネットの犯行予告も、なかには本気のものがあるから怖い。

しかし、新潟市民の反応はあっけらかんとしたものだった。けっこう当時のことを覚えてる人もいたんだけど、「今の日本で爆破なんて起きるわけないでしょ」「たいていウソウソ。全然気にしなかったよ」と、それほど危機感は覚えなかったそうだ。こういうところではけっこう楽観的。まあ、筆者もほとんどは単なるイタズラだとは思うだろうけど。

そもそも新潟市は防災意識は強いが、防犯

意識はそんなに高くない。というのも、市内でパトカーや警官をほとんど見かけないのだ。そのせいもあって、新潟市民のドライバーはけっこう自由だったりもする。本編でも少し触れたが、ある高齢ドライバーが駐車場でフェンスに激突したとき、素知らぬ顔でそのままやり過ごしてしまったときには驚きを隠せなかった。一度だけならまだしも、二度も同じ光景を見かけたのだから、偶然で片付けるのはちょっと……。

パトカーや警官がそんなに街にいないから、多少のことならやり過ごしてしまうし、車をフェンスにぶつけたぐらいじゃ、警察を呼ぼうとも思わない。いちおうこれも軽犯罪ではあるんだけども。

爆破予告から話はそれてしまったが、単なるイタズラだったとしても、多少は警戒心を抱いたほうがいいように思う。必要以上に恐れる必要はないけど、あまりに堂々としても、それはそれで問題じゃなかろうか。

第４章
吉と出るか凶と出るか中央区の大開発！

ついに万代口にメスが入る!?新潟駅の大再開発に迫る!

遅々として進まない新潟駅の立体交差化事業

今回の取材で新潟市を訪れたのは2020年11月。新潟駅南のホテルに宿泊していたので、万代口方面に向かうためには、新潟駅を抜けていく必要があったのだが、これがかなりめんどくさかった。駅構内を大きく迂回しなければならず、それだけでおよそ3、4分はかかっていたからだ。駅南にもいくつか店はあるものの、やっぱり飲むなら万代口のほうが発展しているし、選択肢も多いから、渋々ながらもこのルートを何度も往復した。こんな不便を強いられているのも、取材当時、万代口駅舎の解体工事が本格化していたからだ。ただ、これも新潟駅が生まれ変わるための「産みの苦しみ」だと考えれば、多少不便なのも仕方ないのかもしれない。

新潟駅の工事は、これまで市民から「いつ終わるの？」と言われ続けてきた。この工事の名称は「新潟駅付近連続立体交差事業」といい、その調査が開始されたのは1992年。もともとは、新潟駅の利便性を向上するために企図されたものだった。かつて上越新幹線はホームと線路が高架で建設されたが、在来線は地上にホームと線路が敷かれていたので、駅の南北が分断され、踏切の問題で渋滞も発生していた。さらに駅舎（万代口）の老朽化が進み、それに加えて万代口・南口ともに駅前広場の使い勝手もすこぶる悪い。そこで、こうした問題を一気に解消しようと再整備工事が検討されたのだ。南口の整備が開始されたのが2007年で、これが第1期工事。第2期は連続立体交差化を主とする工事で、2018年に越後線の高架化と新幹線・一部在来線同一ホームの供用（高架ホーム1番線）が完了した。ただこれで第2期が終了というわけではなく、全面高架化が完了するのは2021年（あくまでも目標）。さらに、第2期が終われば、第3期工事として完全高架化で撤去された万代口駅舎の改築、ペデストリアンデッキの設置、南北駅前広場の再整備、南北のバスターミナルを交通広場（駅舎東側の高架下）へと一元化する工事も進められる。この間には、周辺道路の拡幅や延伸工事も行われる。2020年には、新潟鳥屋野線が全面開通し、無電柱化と歩車分離が進んだ。現在は、米山と笹口周辺で出来島上木戸線という新たな幹線道路を整備中だ。

この第3期工事は2020年代に終わらせたいというが、第2期の完了の遅れを考えると、本当に目標通り終わるかどうか……。当初の目標では、高架化工事は2013年に一部供用を開始、2015年度に完成する予定だった。つまり、約3年ものロスを生んでしまったわけだ。新潟駅の変遷を見守ってきた60代の新潟市民は「どうせ今回の工事も遅れるよ。新潟市は昔っからこういう事業のスピードが遅いから。完成する頃に俺が生きてるかわからんよ（笑）」とジョークを飛ばしていた。ひとつの工程が遅れれば、その後の工程にも遅れが出る。2012年には広場の完成が「6年遅れる」とも発表。市民が「またか」と思うのも無理はない。ちなみに、「新潟駅付近連続立体交差事業」の進捗率は、2019年時点で、ようやく70パーセントを超えたところ。2006年から工事に着工したことを考えれば、だいたい30パーセント程度進めるためにだいたい６年がかかっている。このペースで考えると、完了するのは２０２５年以降になる。

いったいなぜこんなにも時間がかかってしまうのか。この、「新潟駅付近連続立体交差事業」は国交省とタッグを組んで、国の補助金を受けて実施している。そうなると、毎年国から再評価を受けることになり、予算は年度ごとに見直される。２０１９年度の再評価では、国交省から「事業の必要性、重要性は依然として高い」とのお墨付きをもらってはいるが、折しも２０２０年に直撃したコロナ禍で、国の予算はかなりひっ迫しつつある。継続して安定した予算を取れるかどうかは不透明だ。予算が抑えられたら、工事にかかるコストを削減しなければならない。資材のコストはそう簡単にカットできるものではないので、人的コストを抑えなくてはならなくなる。人手が少なくなれば、工程に遅れが生じるのは明らかだ。

現在の新潟駅は、鉄道も広場も使い勝手が悪い。駅南と万代が分断されたままの現状はどうにかして打破すべきである。だが、あまりに工事が長引くと、むしろ今の駅利用が常態化して、「不便な駅」というイメージをさらに強めてしまいかねない。国の予算も絡んでくるので、なかなか難しい工事ではあるが、新潟発展のためには、ここが正念場である。

万代口駅舎解体をめぐる市民の賛否両論

この「新潟駅付近連続立体交差事業」は、駅前周辺の再開発も一体化して実施され、いわば新潟市のまちづくりの一丁目一番地である。市民の関心は立体交差よりも、むしろ駅舎とその周辺開発に向いており、最大の関心事は新駅舎と万代口駅前広場がどう変わるかという点に尽きる。

駅舎の景観については、賛否両論で分かれている。東区在住の40代男性は「俺は今のままの駅舎がいいなあ。昭和レトロ感があるし、親しみがあるからね」と語れば、筆者と同じように工事中の駅舎をカメラで撮影していた男性は「今のうちに撮っておこうと思って。生まれてからずっと、この駅舎を見てきたから、やっぱり寂しいよ」と、駅舎の解体を惜しんでいた。

万代口駅舎の原型ができたのは１９６３年。当時、地下１階・地上２階の駅

新潟駅周辺事業のスケジュール

※関係機関と調整を図りながら、段階的に推進していくが、今後、関係機関等との変更になる場合がある。

	年度	2019	～2022年度頃	～2024年度頃	将来
基本方針事業計画			検討 →	→	→
新潟駅周辺整備事業					
鉄道高架化		検討・設計・工事 →	→		
高架下交通広場		検討・設計・工事 →	→		
万代広場		検討・設計・工事 →	→	→	
アクセス道路		検討・設計・工事 →	→	→	→
国道7号新潟駅交通ターミナル整備事業					
中・長距離バスターミナル			検討・設計・工事 →	→	
アクセス道路			検討・設計・工事 →	→	
道路空間再編					検討・設計・工事 →

※新潟駅周辺整備（交通ターミナル）事業計画 令和２年３月国土交通省・新潟市を参照

舎は日本海側最大級だった。地下商店街も設置され、新潟駅は市民のみならず他県民にとっても拠点となっていたのだ。その後、地震に見舞われたりもしたものの、何度か増築を繰り返して現在の姿となった。ちなみに、国鉄時代から存続する駅舎兼支社ビルは、新潟駅を含めて全国でも3棟しかない。まさに市民とともに歩んできた歴史的建造物である。解体されると聞いて駆けつけた鉄道オタクもけっこういたそうだ。名残り惜しむ市民が多いのもうなずける。

その一方で、市外から新潟市に通っている30代女性は、「駅がキレイになるのは大歓迎です。東京の新宿駅に行ったことがあるんですけど、あんなふうになれば、もっと利用者も増えると思いますし。ルミネとかできたら最高じゃないですか」と、期待に胸を膨らませていた。

新潟市民が駅舎を惜しむ気持ちもよくわかる。だが、今の駅舎のままでは利便性も低いし、何より政令市の顔としてはボロボロすぎる。「リニューアルにすればよかったじゃん」という市民もいるようだが、駅の存在感を強めるためには、根本的に変えてしまってもいいと筆者は思う。風情のある駅舎もいいが、その拠点性を考えれば、現在の駅舎には構造的な問題も多い。さらに、新潟への来訪者の目線（鉄道オタクじゃない人）に立つと、立派でキレイな駅というのは十分な魅力になる。新潟市はよく「魅力がない」なんて言われたりもするし、どうせなら心機一転して、新潟駅周辺を都市化させてしまったほうがいいんじゃなかろうか。それこそライバルの金沢駅は、京都のように豪華絢爛な駅舎で、北陸観光の拠点となることに成功している。新潟駅もそろそろ時代に合わせて姿を変えるべき時を迎えているのだ。

万代シティは変わってもカレーは永遠なれ！

新潟駅の駅舎に先駆けて姿を変えたのが、万代シティ・バスセンターだ。万代シティといえば、そのシンボルは「レインボータワー」だった。1973年に開業した高さおよそ100メートルのこのタワーは、東日本大震災で安全性が懸念され（搭乗者数も実際減っていたし）、2012年に営業を終了。その後、塔の維持だけはされていたが、2018年末についに解体された。

そのレインボータワーの解体終了と、ほぼ同時期に新潟交通が発表したのが万代シティのリニューアル計画だった。新潟交通本社が入居するバスセンタービルもレインボータワーと同じく1973年の開業。しかし、老朽化と耐震工事の必要性から大規模なリニューアル工事をスタートさせたのだ。完成は2021年秋を目指しており、刻々と変化を遂げている。新潟アルタが閉店した一方で、マクドナルドやミスタードーナツなどが復活した。風情のへったくれもない王道の全国チェーンだが、若年層にとっては朗報である。

時代のニーズに合わせて、万代シティが生まれ変わろうとしている一方、変わらずに残されているものもある。お祭しの通り「万代そば」がリニューアルオープンを果たしたのだ。老舗店舗が改装すると、その外観がまったく変わってしまうことも多いが、「万代そば」はかつての雰囲気を残すように工夫されている。昔とまったく同じ雰囲気というわけにはいかないものの、バスセンターのカレー好きは、店舗側の心遣いに感謝していることだろう。

この店舗のリニューアルについては、市民から好意的な意見が多かったが、肝心の万代シティの新しい外観には、けっこうケチがついている。イメージカラーだった黄色から灰色に変えられたからだ。この劇的なイメージ変更に「あのド派手な黄色があったから、万代って感じが強かったのに、なんであえて目立たない色にしちゃったんだろう。都会的なイメージに引っ張られたんだろうけど、あの色はちょっとちがう気がする」と、30代会社員はこぼしていた。そのほか「カラーを変えるならバスセンターの文字のフォントも変えるべきだった」という声もあり、こちらはあまり歓迎されていないようだ。

近い将来、新潟駅前は大きく姿を変える。古町ではラフォーレや三越、万代ではアルタがなくなった。若者がどんどん減っている今、万代シティをはじめとした商業施設は正念場を迎えている。マクドナルドやミスタードーナツは全世代的に需要が高いので、下手に高級店を並べるよりも効果的な出店でもある。とくに9年ぶりの再出店となったミスタードーナツに喜びの声を挙げる市民も多い。逆に「万代そば」のように変わらずに残しておいたほうがいいものもある。今後、新潟がまちづくりで必要になるのは、市民のニーズに沿って、何を変え、何を残すのかという取捨選択ではないだろうか。

立体交差化工事は、調査期間も含めるとすでに28年も続けられている。「いつ終わるの？」って言われるのも無理はない

旧国鉄の風情が漂う現駅舎。その解体を惜しむ声も多いが、まちづくりの拠点とするなら、ドラスティックに変えたほうがいい

計画段階なのに非難の嵐 バスタ新潟は本当に必要か？

新バスターミナル建設に市民は大ブーイング

遅まきながらも新潟駅周辺開発が進められるなか、２０２０年にまたも大きな開発計画が明るみに出た。それが「バスタ新潟」構想だ。東京との交流が深い新潟市民なら聞いたことがあるかもしれないが、２０１６年に新宿駅近くにできた「バスタ新宿」と同様に、中長距離バスが発着するターミナルを作る目論見なのだ。新潟市と国土交通省で「新潟駅周辺広域交通事業計画検討会」を設立。今後、本格的に事業計画が練られていく予定だ。候補地に挙げられているのは、新潟駅と駅南の複合施設「レクスン」の間。施設は2階建てで、1階にバス乗降場、2階を待ち合い空間にして、「ぽんしゅ館」のある新潟駅西側と直結する予定だ。さらに、ターミナルからは、前項で紹介した「新潟駅連続立体交差化事業」で予定していた道路も繋ぎ、レクスンから高架下、万代までの道路を整備するそうだ。けっこう大がかりな開発になるため、整備完了には5~10年を要し、利用できるのは2030年代前半の見込みである。工期が遅れることで有名な新潟市のことだから、10年はかかると考えたほうが無難だろうが。

で、このニュースに対する市民の反応はというと、どちらかいうとブーイングの声のほうが大きい。とくに、ツイッターなどのSNSでは、否定的な意見が大半を占めている。市民が心配しているのが、既存の万代シティのバスターミナルに与える影響だ。一見すると、同一の駅周辺に2つの巨大バスターミナルがあるのは無駄なようにも思えるし、そもそも万代シティを再整備しているのは、ターミナル機能を拡充するためではなかったのかと指摘する声もある。

現在、新潟駅を発着する中長距離の高速バスは、万代シティのバスターミナルに停まる。全部で10ある停車場(2つは降車専用)のうち、2つが高速バスの乗り場、大きく分けて仙台方面、東京方面、名古屋方面、大阪方面の4系統で、高速バスで移動できる範囲はおおむね網羅できている。新潟市民もそれほど不便を感じているわけではない。さらに、万代口は駅南とちがって繁華街が形成されているので、県外からの来訪者にとっても、万代口にあったほうが利便性が高い。だが、バスタ新潟が予想以上の盛り上がりを見せたのなら、万代口の集客に悪影響を及ぼすのではないかと懸念している人がいるのだ。そんなものに多額の税金をつぎこむなんてとんでもないと憤る人も少なくないのである。

バスタ新潟は新潟駅周辺の可能性を広げるはず！

だが、冷静になって考えてみてほしい。「バスタ新潟」が完成するのは2030年代前半。その頃には、いくらなんでも新潟駅の工事は完了しているはずで、南北の往来もずいぶんマシになっていると考えられる。「バスタ新潟」には駅直結になるのだから、万代口へ行くのもそれほど苦にはならないはずだ。また、万代口で買い物したり、居酒屋に通っているのはおもに地元民だから、駅南に来訪者が来ても大きな影響はないだろう。路線バスの万代シティと、高

新潟駅バスターミナル計画整備の検討案

整備位置の方針	新潟駅南口広場周辺へのバスターミナル配置
	新潟駅南口広場周辺における低未利用地の有効活用
検討案	広域交通のポテンシャルを活かした、最大限の効果発現の検討
	現状の需要をふまえた低未利用候補の比較検討 JR新潟駅西駐輪場（西側連絡通路の西側） 仮設駐輪場（南口広場駐輪場の南側） 観光バス、貸切バス駐車場（南口広場バスロータリーの南側）
	整備候補箇所における比較検討
	敷地規模、広域交通との動線、利便性向上やシームレスな乗換動線実現を検討
	ターミナルなる位置決定
	ターミナルへの集客車両、必要となる付属施設、配置計画等の詳細検討

※令和２年３月新潟駅周辺設備（交通ターミナル）事業計画をもとに作成

速バスのバスタ新潟とできちんと住み分けができれば、ウィンウィンの関係を築くことも不可能ではない。個人的にバスタ新潟は、新潟市の将来を明るくするものになるのではないかと考えている。

そもそもバスタは、国交省の鳴り物入りの計画で、全国各地の主要都市で建設されている。バスタ新宿を皮切りに、福岡市に「ＨＥＡＲＴＳバスステーション博多」、熊本市に「桜町バスターミナル」が開業。全国にバスの拠点を設けることで、交通網の充実を図っているのだ。

確かに、バスタ新宿にはトイレが少なかったり、待合場所が屋外にあるなど課題も多い。開業直後は、隣接する国道を渋滞させる原因にもなり、乗り合いルートを変更せざるを得なくなったこともある。だが、その利用者数は開業1年で1000万人を突破。1日の平均利用者数は2・9万人で、最大で4・1万人にものぼる。インバウンド客などを輸送する拠点として順調に成長していた。要するに東京に来訪する観光客を全国各地へと輸送する手段として考えられたのだ。とくに近年は、インバウンド客をはじめ、日本人観光客も個人旅行者が増加している。一般的にバスというとツアー旅行を思いがちだが、最近は個人旅行者たちが、新幹線や飛行機よりも安く済む高速バスを利用するケースが増加傾向にある。コロナ禍が沈静化すれば、また中国人を筆頭にインバウンド客は戻ってくるだろう。そのとき、バスタ新潟が新たな拠点として活躍する可能性は大いにある。というのも、国はバスタ新宿で得た課題を活かし、バスタの経営を民間に任せる案も検討している。そうなれば、商業施設の併設や待合広場のレジャー化も図られるだろう。万代口に比べて、あらゆる施設が貧弱な駅南の新たなシンボルになりうるのだ。市民が万代口の集客力が低下すると懸念しているのであれば、観光客だけに絞った施設にすれば、棲み分けもできるはずだ。何よりバスタ新潟が完成すれば、この計画において日本海側では初の設置になる（あの有名観光地の金沢に先んじられるのだ）。新潟駅まで新幹線で来て、高速バスを利用して近隣県を巡るようなルートが誕生すれば、より新潟駅周辺の拠点性が増すことになる。多くの税金がつぎ込まれることに反発する声はよく聞かれるが、国だってそこまでバカじゃあない。地方創生のためにアイデアを張り巡らせ、投資額以上の効果をもたらそうとしているのだ。

感情論で批判するのはお門違いじゃないかい？

そもそも、バスタ新潟への風当たりが強いのは、BRTでの失敗が市民の心に強く刻み込まれており、新しいバス交通というだけで拒否反応を示しているようにも見える。あるいは、万代シティという市民生活に根づいたバスターミナルへの愛着が強いため、それと競合しかねない存在に危機感を覚えているのかもしれない。いずれにしても、ネット上のバッシングの多くは、そのほとんどが感情論である。なかには正式名称さえまだ決まっていないのに「バスタ新潟」というネーミングセンスを罵倒する人さえいる。ここまでくると、もう誹謗中傷に近い。どんな開発でも市民の声に耳を傾けることは大切だが、いわれもない非建設的な感情論ばかりなのもいかがなものか。まだ計画段階なわけだし、バスタ新潟ができるとして、どんな施設にすれば市民にとってプラスになるのかをもっと議論したほうがいいのではなかろうか。バスタ新潟には新潟市を盛り上げる可能性もあるのだから。

駅南は万代口に比べて商業施設も飲食店も乏しい。バスタ新潟ができれば、駅南の新たなシンボルになる可能性もある

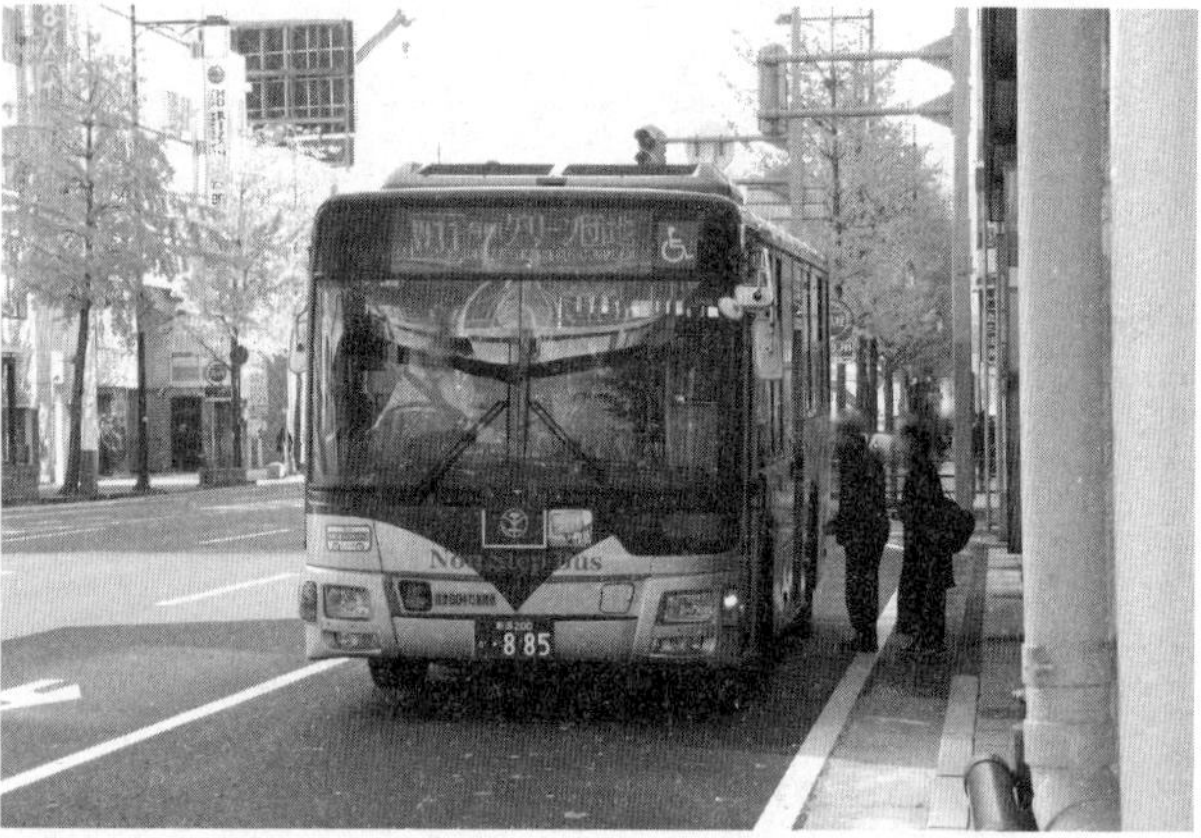

路線バスと高速バスの住み分けができれば、バスタ新潟ができても万代口への影響は最低限に抑えられるはずだ

ついに三越までも撤退 跡地利用が古町再生のカギを握る？

三越跡地は住商複合型マンションになる!?

「古町はもう終わった」

古町のかつてのにぎわいを知る人は、口をそろえて現状を嘆く。今や商業の中心地は完全に万代へと移ったというのが常識となっており、古町は空洞化の一途を辿っている。郊外型の大型商業施設（というかイオン）の進出により、２０１０年に大和新潟店が撤退。新潟市初の映画館として開業し、近年はボウリング場として親しまれていた大竹座も２０１７年に閉店。かつてのにぎわいを支えていた施設が軒並み撤退したことが、古町の衰退を鮮明に印象づけた。この流れに歯止めはかからず、ついに新潟市を象徴する百貨店だった新潟三越が２０２０年に撤退した。ご年配の新潟市民は、青春をともにした百貨店だっただけに、閉店セレモニーの際には涙する人も多かったという。これまでにぎわいの中心地だった三越の撤退は、古町の衰退と活力低下を決定づける出来事になってしまった。

地方都市で大きな施設が撤退すると、その跡地利用がいっこうに定まらないケースは多い。たとえば、静岡県の政令市である浜松市では、２００１年に経営破綻をした松菱という百貨店の跡地（超一等地！）が、２０２０年現在も塩漬けにされたままとなっている。富山県高岡市の大和高岡店は、解体も撤去もされず、ビミョーな半公共スペースとして残念な活用をされている。そんな例に漏れず、新潟でも長期間放置されるかと思いきや、三越跡地については迅速な対応をとった。閉店からわずか半年で、市内の有名建設業者や地権者再開発準備組合を立ち上げ、２０２０年8月には、東京の大手不動産会社が三越の建物と土地の50パーセントを取得し、再開発計画に参加することが明らかになっている。市内の土地事情に詳しいある西区民は「市内の業者だけだと、動きも遅いし、考え方が古い。東京の会社が入ってくれると聞いたので、少し希望が持てるようになってきた」と、安堵していた。どれだけ市内の業者への信頼がないんだと思ってしまったが、参加する大手不動産会社は首都圏の再開発事業の実績も豊富だから、心強い味方だと考えていいだろう。

商業地としての顔を捨てて発想の転換を図るべし！

まだ準備組合が立ち上がった段階なので、どのような再開発になるかはまったくの未定。新潟日報によれば、「マンションと商業施設の複合型」になるという。近年流行している「住商複合ビル」を目指すのだろう。この情報を先に触れた男性に問いかけると「万代があれだけ発展してしまっているので、古町がもう一度商業でトップに立つのは難しい。マンションになってしまうのは悲しいけど、時代の流れを考えれば、高層住宅を充実させるのもひとつの手だと思う」と指摘。古町再生を考える上で、これまでとは異なるまちづくりを視野に入れることは、重要なポイントではあるのだろう。

歴史的に古町は商業と行政の街で、現在も県内トップクラスの繁華街を形成

新潟三越閉店までの歴史

年度	出来事
1907年	小林呉服店創業
1937年	小林百貨店開業
1978年	小林百貨店が三越グループ入りをする
1980年	小林百貨店が新潟三越百貨店に 社名を変更
1987年	新潟三越が合併し、 名古屋三越新潟店となる
2003年	三越グループ経営統合により、 名古屋三越新潟は三越新潟店(直営)となる
2020年	新潟三越閉店

※各種資料により作成

している。古町はその碁盤目状の町割りに、信濃川と平行した「通」と直交した「小路」が形成されている。このうち古町通りや本町通りが交差する柾谷小路は、古町のメインストリートである。地方では、大きな都市の周辺部に暮らす人たちが「街へ行く」という表現をよくするが、新潟市とその周辺で「街へ行く」といったら、かつては古町の柾谷小路に行くことを指した。

1970年代の新潟市郊外からのバスの終点は古町で、多くの人が古町へ買い物に訪れたのである。その後、戦後、昭和新潟大火で広範囲を焼失したが、これがキッカケで、既存の小林百貨店

（後の新潟三越）、万代百貨店（後の大和新潟店）に加えて、大型スーパーなどが進出。この１９６０年代中盤から１９８０年代前半までが古町の最盛期だった。万代シティの開発が進み始めると、徐々にパワーバランスに変化が表れ始め、古町はにぎわいを失っていった。かれこれ30年以上もかけて衰退し続けていたのだから、人の流れを呼び戻して商業地として再生するのは困難だ。

そんな今だからこそ、必要なのは発想の転換だ。近年、古町でもマンション開発が行われており、三越跡地にそのランドマークができるとなれば、一気に居住区として注目を集める可能性もある。ただ、鍋茶屋通りや西新道通りなどの細い路地には、芸妓の稽古場に加え、かつての色町を象徴する老舗の小料理屋なども並んでおり、このまま繁華街としての機能まで衰退していくのはもったいない。こうした細い路地の街並みは保存しつつ、メインストリートに面した大きな土地をマンションなどの住宅地にして、京都の祇園のように居住と観光の両面をあわせ持つ街にしてみるってのはどうだろう？　そうすれば新潟市の魅力を再発掘することになると思うんだけどなあ。

古町を代表する百貨店だった三越だが、時代の流れに押されて撤退。その跡地は再開発組合によって活用法が模索されている

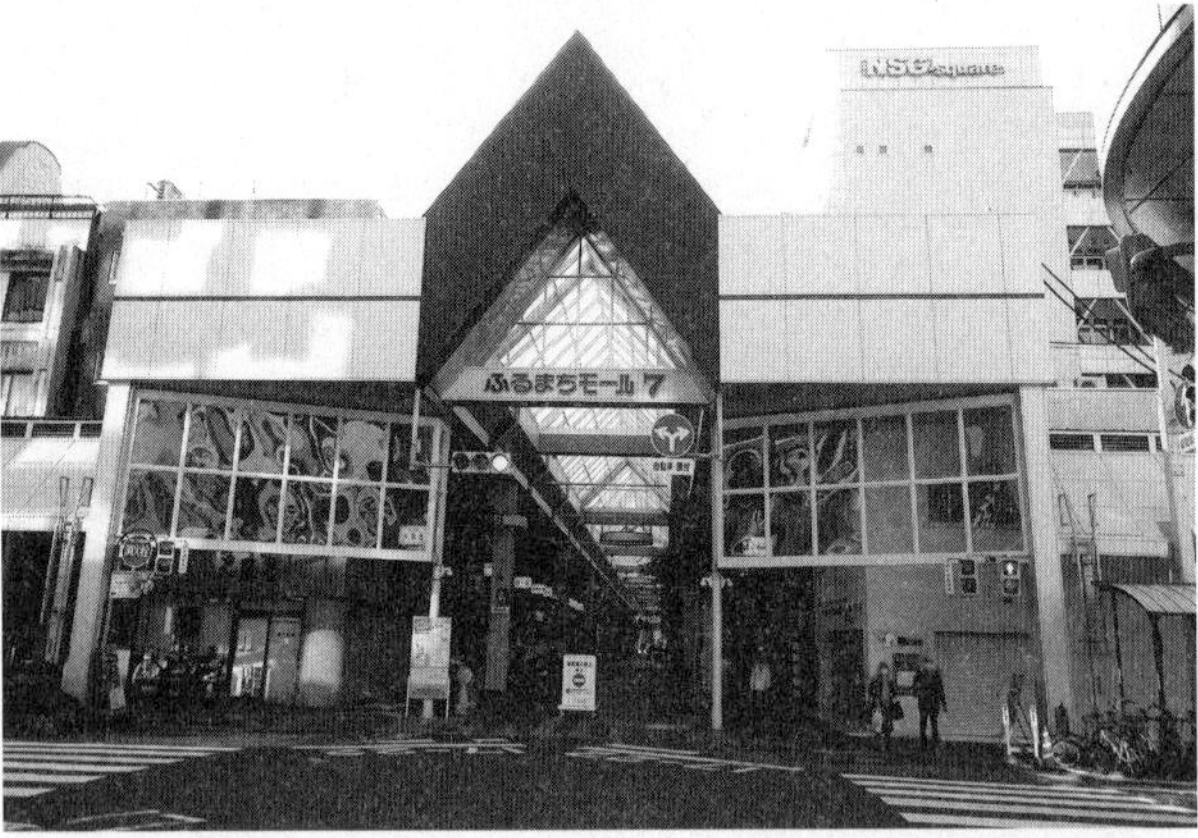

もともと衰退していた上に、コロナショックで小規模店舗も急減。ゴーストタウン化しかねない現状を打破するには方針転換が必須

古町ルフルは再生のカンフル剤となれるか

古町ルフルの狙いは商業にあらず！

三越撤退と入れ替わるように、２０２０年4月、大和跡地の再開発施設として古町ルフルが開業した。地上12階となる複合ビルで、１・２階部分に商業テナント、そのほか市役所や金融機関、開志専門職大学（２０２１年度オープン予定）などが入居。ルフル前の広場はまだ工事中だが、２０２２年には地下商店街「西堀ローサ」とも接続する予定だ。地元地権者らによって組織された再開発組合と、地場の建設業者によって、いわば新潟市民の力を結集して作られた新しい「古町の顔」として、大きな期待を寄せられている。

とはいえ、古町ルフルは百貨店のように商業テナントが充実しているわけではない。コンビニや薬局、ベーカリー、クリニックなどが並ぶようなもので、集客力を目的とした施設ではない。むしろ、メインとなるのは高層階に入居する市役所や金融機関、そして開志専門職大学だ。

そもそも古町が廃れた原因のひとつに、新潟駅から2キロ以上も離れた立地条件がある。駅から徒歩で向かうにはそこそこの時間がかかる。健康のためかどうかはわからないが、この距離を歩いて通勤・通学をする人もいたりする。

実際、朝夕のラッシュ時には、萬代橋を足早に歩いているスーツ姿の若い男女を見かけることもあった。健康的なのは大いに結構なのだが、個人的には駅から中心市街地に向かうのに30分近くも歩かなきゃいけないなんて、不便極まりないと思う。まあ通学や出勤なら、これぐらいの不便さも受け入れられるかもしれないけど、わざわざ買い物や飲食に訪れようと思うもんなら、それなりの動機が必要になる。三越が撤退せざるを得なくなったのも、1984年にできた伊勢丹によって客がせき止められたという見方もある（三越伊勢丹が経営統合する前はライバルとしてしのぎを削ったんだけどね）。結果、万代エリアに商業の中心地が移り、人の流れは萬代橋の手前で寸断されてしまったのだ。

このような立地的悪条件から、古町が新たに人の流れを作ろうとするためには、商業施設では勝ち目がない。そこで、通勤・通学であれば、強制的に人の流れを生み出すことができるっていう算段だ。しかも、NEXT21と合わせて、区役所と市役所が同じ通りに面することで、柾谷小路は官公庁街の要素が強まる。繁華街に与える影響も大きいだろう。仙台市では、東北最大の繁華街・国分町が官公庁街と隣接しており、夜のにぎわいを維持してきた。ランチタイムには行列をなしている飲食店もある。古町ルフルによって、同様の効果を生み出す可能性もあるだろう。失敗続きの新潟市にしては、なかなか悪くない戦略かもしれない！

アニメ・マンガ学部を活用したまちづくりを！

とくに筆者が関心を寄せているのは、開志専門職大学の開校だ。これは国によって新しく創設された「専門職大学」で、日本初の試みとなった。すでに2020年、紫竹山にマーケティングなどを学ぶ事業創造学部、米山にビッグデ

古町ルフル完成までの経過

1937年	萬代百貨店開業
1939年	丸越新潟店になる
1943年	合併により大和誕生に伴い 大和新潟店となる
2000年頃	大規模小売店舗法の改正で 様々な大規模店舗ができる
2009年	大和新潟のテナントの半分が 空き店舗となる
2009年	店につながる地下商店街 西堀ローサの半分が空き店舗となる
2010年	6月25日大和閉店
2012年	古町通7番町D地区再開発推進協議会 で再開発に向け動き始める
2017年	ビル建設の事業計画認可を受ける
2020年2月	古町ルフル完成
2020年4月	古町ルフルオープン

※各種資料により作成

ータやロボティクスを学ぶ情報学部が開学。いずれも定員80名のところ、志願者数は100人を超えた。定員割れを起こしている大学が増えているなかで、この数字はなかなか立派である。しかも、北海道から沖縄まで、県外からの流入が増えているのは、若者が減少している新潟市にとっては朗報だ

そんな開志専門職大学のなかでも、目玉（と勝手に思っている）学部が、2021年、古町ルフルに開校されるアニメ・マンガ学部だ。出版業界に身を置いていると、今の日本で〝売れるコンテンツ〟は、アニメやマンガしかないんじゃないかと感じてしまう。『鬼滅の刃』の映画は記録的な大ヒットとなり、ますますアニメとマンガのコンテンツ力を高めている。世間の関心も高いだろうし、他学部よりも志願者数が伸びる可能性は十分にある。

市民にはあんまり浸透していないんだけど、新潟市では2012年からマンガやアニメと活用したまちづくりを実践しており、市では「マンガ・アニメ情報館」や「マンガの家」を設置。さらに、古町にドカベンの像を作ったりして、新潟市ゆかりのマンガやアニメを発信しようと試みている。まあ、これも篠田前市長の失政のひとつとして挙げられることもあるように、ぶっちゃけうまく

いってない。そもそもラブラ万代の近くにある「マンガ・アニメ情報館」と、柾谷小路にある「マンガの家」は距離が遠すぎる。市は「回遊性を高めるため」と説明しているが、先にも言ったようになかなか歩ける距離じゃぁない。来訪者に苦労を押しつけすぎでしょ！

だが、開志専門職大学のアニメ・マンガ学部ができれば、興味のある学生が施設に足を運ぶことも増えるはず。とくに、「マンガの家」には1万冊のマンガの蔵書があり、マンガ喫茶にはないマニアックな作品もあるそうだ。また、同大学の学生と連携をとり、ワークショップなどを開催すれば、地元の子供たちにアニメ・マンガの魅力を伝え、新たな天才作家を生み出すきっかけにもなる。アニメ・マンガを観光資源としてではなく、人材発掘と育成の場として捉え直してしまえばいいのだ。そのためには、クリエイターを目指す学生たちが集える場の提供が必要だと思う。マンガを描くためのペンタブレットやＰＣを備えた無料のコワーキングスペースなんか設置したら、これから来る学生たちも喜ぶんじゃないだろうか。

古町の「新しい顔」としての期待を背負った古町ルフル。商業では人を呼べないので、職場を作ることでにぎわいの創出を狙う

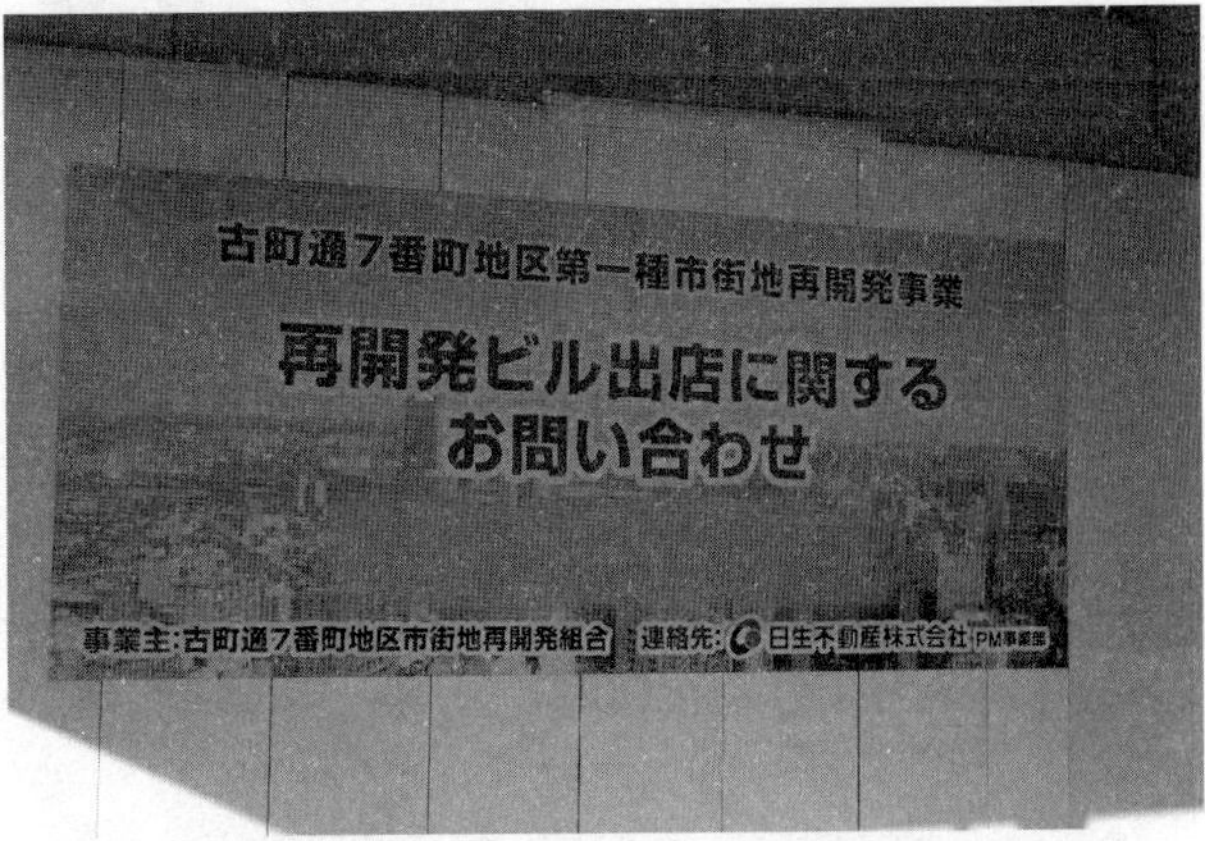

古町ルフルの再開発で主体となったのは地元商店街の有力者たち。ルフルへの通勤・通学者を相手に一儲けしたいと目論んでいる？

自称東日本最大プロジェクト「ア」の有名ホテル降臨

東日本最大の触れ込みは伊達じゃなかった？

地方取材では、たいていビジネスホテルに泊まるんだけど、基本的に決め手となるのは宿泊料の安さ。そのため、けっこう値段にはシビアだと自負している（ビンボーなだけ）。京都や金沢の駅前あたりだと、全国展開している一般的なビジネスホテルでも1泊6～8000円ぐらいすることもあって、宿泊先を選ぶのに苦労した。その点、新潟駅前のホテルは良心的だ。今回は駅南の格安ホテルに宿泊したのだが、1泊なんと2500円！　コロナ禍の影響もあったのだろうが、それにしたって安い。こういう庶民派なところが、新潟市のいいところなんだよなぁと、つくづく思った次第である。

　こうした格安ホテルというのは、たいていはマイナーなホテルグループだったりする。名の知れたグループは、いくら地方といえど、それなりの値段がするからだ。というわけで、筆者は片手で数えられるほどしか、あの有名なアパホテルに宿泊したことがない。アパホテルは、世界に656棟のホテルをもつ日本屈指のホテルグループである。経営者が独特だから何気に興味は惹かれるが、最安値から1000〜1500円ぐらいは高いのが個人的にはネックだ。

　現在、新潟市内にはアパホテルが3カ所あるが、万代地区にまた新しいアパホテルが建設されており、2022年3月末に完成する予定だ。「そんなにアパばっかりあっても仕方ないでしょ」と思われるかもしれないが、今回のアパホテルはちょっと趣がちがう。地上19建てで、高さは60メートルにもなる巨大ホテルの客室は1001室、さらに212邸のマンションを併設する超大型開発なのだ。ホテル・マンションの複合施設としては東日本で最大級となる。ホテル内には大浴場や露天風呂、プールやジムなどを併設。マンションのオーナーになると、こうした施設のほか、全国にあるアパホテルのリゾート施設が格安で利用できるそうだ（もろもろ条件はあるみたいだけど）。このマンションの販売価格は、約2200～約6000万円になるそうだ。新潟市の相場と比較してもそれほど高くはない。古町にある29階建てのタワマンも2LDKで2450万円程度。アパの新マンションも一番小さな部屋は2LDKだから、特別割高というわけでもなさそうだ。それでも新潟市ではリッチな人が住むマンションであることに変わりはないのだが。まあ、いずれにしても、これほどの規模のホテルとマンションだから、完成したときの存在感はハンパじゃなさそうだ。アパの名物社長も「新潟にとってシンボル的な施設になる」と胸を張る。観光客の選択肢も増えるし、移住者を呼び込む起爆剤にもなる。東日本最大という触れ込みは伊達ではなかった!?

新ホテルの命運を握るのは新潟市の魅力

ただ、このアパホテルの成否を決めるのは、いかに世の人々に新潟市が魅力的な存在になりえるかどうかという点に尽きる。一気に1000室もホテルの部屋数が増えるわけだから、それを埋めるだけの観光客を呼び込めるかどうか

新ホテルの周辺施設
新潟伊勢丹
ラブラ万代・ラブラ2
万代シティビルボードプレイス
朱鷺メッセ
万代シティバス停
新潟万代病院
JR新潟駅
新潟中央郵便局
万代公園
新潟日報メディアシップ

※各種資料、THE PREMIERE 新潟駅万代 公式から抜粋して作成

宿泊料の相場が安いということは、それだけ客が入っていないということでもある。もちろん筆者が訪れたのは、オフシーズンであり、ましてやコロナ禍に見舞われていたという時期的な問題もある。だが、近い時期に訪れた仙台市と比較しても、全体的な宿泊料は安い印象だ。現状で空き室が多いのだから、さらに1000室が増えたとき、本当に客が入るのか。

新潟市は、観光入れ込み客数も増加傾向にあった。2010年に1530万人だったが、2018年は1954万人にまで伸びていた。ただ、インバウンド観光客は、金沢市や富山市と比

フェリーターミナルなどを活用して観光客を呼び込むのもひとつの手ではある。今後、国際航路の拡充を図れるか!?

べると、まだまだ少ない。新潟市への来訪者の約6割がビジネス目的だとされており、今後ビジネス目的の来訪者が急激に増加するとは考えにくい。そのため、より伸びしろを残しているのは観光目的の来訪者である。その際、重要なポイントは、明確な観光ビジョンだ。アパホテルが完成するのは2022年。仮に、再びインバウンド需要が高まったとき、何を売りにどんな観光客を呼び込むのか、ターゲットを見定める必要がある。その点で、いまだに観光プランすら策定していないのはどうかと思う。来るべき未来に備えて、今からでも準備しておくべきだ。

目下のところ建設中の東日本最大級のアパホテル。地上60メートルの巨大ホテルとなり、その存在感はハンパじゃなさそうだ

来訪者の多くは、新潟駅から万代エリアに集中。現状でホテルは足りている印象で、より観光客を増やせるかどうかがカギを握る

閑古鳥が鳴く万代島を発展させる秘策とは？

都市開発が失敗してジリ貧状態の万代島

新潟市は古くから港街として栄えた。平安時代から「蒲原の津」として知られ、東と西の物流拠点でもあった。江戸時代には本格港湾としての整備が進められ、西廻り航路の寄港地となってからは大きく発展。当時は入港船数3500隻、総取引高も百万両を超えたという記録も残されている。明治時代に開港場に指定されてからは、河口改修事業やふ頭、防波堤の建設が積極的に推進され、近代港としての整備が進んだ。昭和期には日本と旧満州を結ぶ日満航路が開かれ、大陸貿易の先駆けともなった。だが、戦後は太平洋戦争の空襲によって廃港寸前まで追い込まれたり、復興途中に新潟地震で壊滅的なダメージを受けるなど、受難が続いたこともある。しかし、こうした被害によって、新たに工業港としての設備が整い、大規模な精油施設の進出などによって、見事に再生を果たす。さらに1969年には新潟東港区が開港し、その港区は拡大の一途をたどった。新潟港は新潟市発展に欠かせないピースだったのだ。

こうした開発のなかで、誕生したのが万代島だ。もともと信濃川の中州だった万代島は、昭和初期に本格的な埋め立て工事が行われ、右岸側と陸続きになった。かつては、西港区の区域の一部として貨物駅や魚市場などの港湾施設が置かれていた。しかし、東港区ができてからは、港湾施設としての重要性が低下し、1980年代以降、本格的な都市開発が行われるようになった。大きな転機となったのは2003年。朱鷺メッセが竣工し、新潟みなとトンネルが開通したことにより、今の万代島へと姿を変え、新たなにぎわい拠点として整備されている。

ただ、万代島の核施設である朱鷺メッセは苦戦続きだ。年間利用者数は約25万6000人で、毎年微減を続けている。さらに、イベント開催件数も減少しており、それに伴って収入も目減りした。これは建設当初の見込みを大幅に下回る数字で、経営状況は芳しくない。年4億円以上もかかる維持費のうち、約2億円は税金を投入している。筆者が訪れた際も、朱鷺メッセ周辺は閑散としていた。平日の昼間ということもあるのだろうが、見かけるのは周辺で勤務しているだろう風体の人ばかり。まあ、コンベンション施設だから、イベントが開催していないときはガラガラになるのは当たり前なのだが、そもそも朱鷺メッセ周辺は、いまだ街区としての体裁をなしていない。飲食店もほとんどないし、コンビニさえ見かけない。朱鷺メッセとホテルだけがやたらと立派なのだが、それ以外に見るべきスポットがないのだ。観光市場の「ピアBandai」が唯一の観光拠点である（ここは良い！　市場は楽しかった！）。

しかも、新潟駅からのアクセスはすこぶる悪く、徒歩だとなかなか行きづらい。コンベンション施設は県内外からの客を呼び込む施設なので、車でないとアクセスしづらいのは、大きなデメリットである。首都圏には有明や横浜、幕張にも似たような巨大コンベンションエリアが形成されているが、いずれも駅が設置してあり、それぞれ観光施設だったり、住宅地など独自の関連開発をして、街区の活性化を図っている。残念ながら、万代島では、こうした関連開発が追いついていない。にぎわいをつくりたければ、何らかの対策を打たなければならないのは火を見るより明らかである。

万代島の地味な改革案を徹底検証

そこで、新潟市では「万代島地区将来ビジョン」を策定した。新潟開港150周年という節目に、万代島にメスを入れようというものだ。この計画では、万代島における現状の課題を明らかにし、その解決策が練られている。課題としているのは「アクセスの不便性」「景観の悪さ」「にぎわい施設不足」「認知度不足」の4つ。これらの課題に対する短期・中期・長期目標を設定している。この時期は、それぞれ「今すぐできそうなもの」「ちょっと時間がかかりそうなもの」「できるかどうかはわからない夢」という実現の難易度によって分けられていると言い換えることもできる。

というわけで、確実に実現できそうなのは短期目標なのだが、けっこう地味である。たとえば、アクセス改善策で注目されているのは、駅から万代島にかけてのレンタサイクルの拡充。導入にかかる予算も手間も低コストだからすぐに実現できる案ではある。市内が基本平地という利点もある。ただ、これも県外来訪者にウケるかどうか……。サイクリストが好みそうな自然豊かな風景だったらいいけれど、単なる港湾の一部だしねぇ。別案には小型バスが挙がっているが、BRTの失敗が尾を引く市民感情を考えれば、猛反発を受けそう。個人的には水上バス案を推したい。長期目標では、モノレール導入をうたっているけど、これは今から着工したって、10年はかかる代物。その前に万代島が死に体になっている可能性もあるから、やっぱり短期目標から徐々に導入していくべきだろう。

景観の改善策は、地味さに拍車がかかり、短期目標に挙げられている案は萬代橋から万代島に至るまでのイルミネーションだったりと、景観の規制誘導を図ろうとしている。百歩譲ってイルミネーションはアリだとしても、景観の規制誘導って、どこまで実現できるのか疑問が残る。だって、対岸は何の変哲もない工業港。横浜のようにきらびやかな観覧車があったりするわけでもないし、むしろ海上保安庁の巡視船がやたらと目立っていたりもする。もともと港湾の一部だったこともあり、工業地帯と近すぎて、いわゆる観光港のような雰囲気を作るのには時間がかかりそうだ。条例を作るのは短期目標かもしれないけど、景観の悪さを解決するためには、モノレール以上に時間がかかるのでは？

というわけで、やはり即効性が高そうなのは、にぎわい施設の充実である。短期目標で挙げられている「飲食店などの仮設店舗が出店しやすい環境づくり」「船上カフェの誘致」「ウォータースポーツの場の提供」などは、筆者としても賛成したい。なかでも「ときめきラーメン万代島」の再興は今すぐにでも手をつけるべき。２００４年にオープンしたときは、８店舗のラーメン屋が入居していたが、今残っているのは2店舗のみ。生姜醤油ラーメンの有名店には行列ができていたものの、他のテナントが空き店舗ばかりで、かなり寂しい。だが、この有名店の集客力が強力すぎて、他のラーメン店が軒並み苦戦を強いられたのだろう。新潟市民の話によれば「万代島に行くのはこの店があるから」というほど、その人気は別格だ。そんな有名店が入るのだから、ほかの店舗がガラガラになってしまうリスクは、最初からあったのだ。そもそもラーメン店だけに出店制限をかけたのが大きな間違いである。ただ逆にいえば、朱鷺メッセ以上に市民を引きつける集客力があるのだから、この施設を活用しない手はない。むしろ店側を説得して、スペースを拡大してもいいんじゃなかろうか。そして、この有名店を核として、喫茶や軽食などを充実させてしまえばいいと思う（あるいは他の超有名店を誘致するとか）。隣接している駐車場もつぶして、一大フードテラスにしてもいいかもしれない。実現可能かはわからないが、ここを水上バスの発着場にして、海辺のテラスなんかがあれば、にぎわいを創出するキッカケにもなるし、景観もよくなるだろう。

最後にアピール方法だが、これは計画案の「にぎわい創出」の中期項目に入っている「エリアマネジメント」を導入して実行すべきだ。というか、この計画案をいったんエリアマネージャーも踏まえて再考したほうがいいとも思う。できれば新潟市出身で、東京でバリバリやっている人材などがいれば最適ではないだろうか。新潟市に来訪する人の約40パーセントは東京圏からだから、東京の好みがわかる人が計画立案に立ち会ったほうが、ドラスティックな変化が生まれやすい。それこそ真っ先に実現できそうな短期目標じゃない？

朱鷺メッセ周辺にはほとんど人が歩いておらず、惨憺たる状況。多くの県税をつぎ込むお荷物施設に成り下がっている

「ときめきラーメン万代島」は再考の余地がアリアリだけど、入居している有名行列店だけは逃がしてはならない

ついにプロ球団誘致か!? 新潟グローバルドーム計画の実現性

新潟市は新球団の有力な候補地か?

球界に強い影響力をもつ王貞治が、プロ野球の「16球団構想」を公言したことで、リーグ拡張に向けた動きが強まるのではないかとウワサされている。その内容は2~4チームを新たに迎えること。4チーム4リーグ制に移行する可能性も取り沙汰されている。2004年の球界再編問題以来のビッグな話題に、野球ファンたちの間で、賛否両論が飛び交っている。日刊スポーツのアンケート調査によると、賛成派は「16球団に増加(28パーセント)」「14球団に増加(14パーセント)」で、計42パーセント。逆に反対派は「将来的にはありだが、今は維持(38パーセント)」「絶対に維持(20パーセント)」で、計58パーセントにのぼる。現状では半数以上が反対だが、逆に「将来的にはありだが、今は維持」の最大勢力が賛成に回れば、80パーセントにもなる。まあ、何かと闇深い球界のことだから、民意で決まるわけではないけど、肯定的な世論が固まれば、実現の可能性が高まるはずだ。

この「16球団構想」において、新チームの候補地に挙げられたのが新潟だった。それを受けて、にわかに沸き立ったのが新潟県野球協議会。鳥屋野潟エリアにドーム球場を建設する「新潟グローバルドーム計画」なる提案書を、新潟市長と新潟県知事に提出した。その中身は、新球団を新潟市に誘致し、新ドーム球場をホームスタジアムにしようというものだ。

実は、こうした計画が新潟市で話題になるのは初めてのことではない。2009年には新潟県が主導で、既存の球団に新潟での試合開催を嘆願したり、2018年には「パーク・ボールゲーム・パークプロジェクト」なる計画を行政に提案したりもしていた。いずれも盛り上がりには欠けたが、もともとドーム球場を作ってから球団を誘致しようというトンデモ計画だった。だが、今回の「新潟グローバルドーム計画」では、王貞治をはじめとした球界関係者から

グローバルドーム計画推移

2007年	県営球場を84億の費用で設立（新潟市約17億負担）
2009年	ボールパーク構想を打ち上げる
	年間数試合を開催する準フランチャイズとなり、2012年に球団の本格的招致を目指す
2012年	本格的なプロ野球球団招致に失敗する
2017年 2018年	パーク・ボールゲーム・パークプロジェクトと名前新たに活動を続ける
2019年	パーク・ボールゲーム・パークプロジェクトが新潟グローバルドーム計画となる
2020年	新潟県野球協議会が新潟市長にプロ野球団誘致とドーム球場建設への協力を求める要望書を市長に手渡す

※各種資料により作成

の発言もあり、球団誘致の実現性が高まったことから、まずは球団誘致から進めるという現実路線へと切り替えた。もし在京球団を移転させることができなくても、新潟市にはアルビレックスBCをプロ野球球団へと昇格させるというウルトラCもできる。長年の悲願だったプロ球団がついに実現するかもしれない。

本来なら喜ばしいことではあるが、市民のなかには冷ややかな意見も多い。そもそも新潟市は財政状況が苦しく、約400億円と試算される新球場建設費に多くの支援はできない。また、鳥屋野潟には、すでに「ハードオフエコスタジアム新潟」があり、新球場を建設する意味も問われている。これについて、新潟県野球協議会は、鳥屋野運動公園野球場と小針野球場の売却代に加えて、新潟県民から一口1000円の出資金を募ることで、市の補助金をできるだけ抑えようとする旨を返答している。

広島カープの先例に則ってという感じだが、スタジアムの隣接問題に対する返答はもっと苦しい。「ハードオフエコスタジアム新潟」を「アマチュアのための球場」とし、新ドームを「プロ、ライブなどのイベントのための球場」と、用途を棲み分けることで共存が可能だと説明しているのだ。これは、かなり見立てが甘い。そもそもドーム経営は、プロ球団が永続的に利用してくれないと厳しい。札幌ドームは、ファイターズが2023年に北広島市の球場も利用することとなり、将来的に赤字経営になると予測されている。最初は盛り上がるかもしれないが、おそらく球団創設時にはリーグで苦戦するだろうし、なかなか上位に食い込むまでには時間がかかる。そうして市民の関心が低迷してしまえば、新潟市にホームを置く魅力がなくなり、下手をすれば撤退になりかねない。しっかりした戦略構想があってこそのドーム球場建設であってほしい。

鳥屋野潟周辺は、道路や公園などが整備された新しい街区。まだ広大な土地が残されており、発展の余地が残されている

新しい球場を作るより「ハードオフエコスタジアム新潟」を改修して屋根をつけたほうが、現実的なんじゃないかなぁ

突如出現したオシャレタウン ファミリー急増の上所に新駅ができる？

浮きまくってるユーロタウン

かつて上所は、新潟市の「台所」であった。新潟市は農業産出において古くから有数の都市であったが、統一された市場はなかった。本町と沼垂の朝市がその役割を果たしていたが、一般の道路上で行われる朝市は、人口が増加すると交通の妨げになることが多かった。そこで、国体開催を控えた1964年、上所に中央卸売市場を建設。新潟駅からも近く、長らくの間、市民の食を一手に担ってきた。

その中央卸売市場が2007年に亀田へ移ると、上所にはポッカリと巨大な空き地だけが残されることとなった。そこから約10年の時を経て開発されたのが上所ユーロタウンである。新潟初のテーマタウンとして、鳴り物入りでまちびらきに至り、まったく新しい住宅地を形成している。ちなみに、テーマタウンとは、道路整備や商業施設に至るまで一体的に開発することによって、景観の整った美しい街並みを作ることを指す。わかりやすく言い換えると、「オシャレなニュータウン」である。

中央区の住宅地やタワマンは、どこも質実剛健といった感じで、やや武骨な印象を受けるが、そんな新潟っぽさはユーロタウンにはまったく感じられない。住宅のデザインはフランス南部の街並みを参考にしており、すべて薄い黄土色の外壁が施されていて、街区にある唯一の商業施設・マルシェコートも住宅と同様のデザインで、見事に統一が図られている。道路にはレンガが敷き詰められていたり、ヤシの木が植えられていたりもする。雪国にヤシの木っていう奇妙な取り合わせなんだけど、住民はけっこう街並みを気に入っているそうで、「こんな街並みは新潟市内にはどこにもない」と自慢げに話していた。

まあ、確かに街区内の景観は素晴らしい。だが、ひとたび街区の外に目をやると、そこには何の変哲もない朴訥な光景が広がっている。向かいには、築40

〜50年にもなると思われる古びた住宅ばかりである。だから、ヤシの木がとんでもなく浮いた感じになっていて、どうも違和感を覚えてしまう。現在着工中の第2街区も完成すれば、またちがった印象になるのかもしれないけど、今のところは、ちびまる子ちゃんの花沢くん的な存在に落ち着いている。

発展のカギを握るのは新駅設置が実現するかどうか

そもそも、卸売市場があった場所だから、周囲の景観を気にしたまちづくりなんてしてこなかった。県道1号と51号に挟まれた小さな区画で、周辺道路にはトラックなどが行きかっている。地方都市において、昭和期に建てられた中央市場というのは、たいてい車社会を想定して設置されている。そのため、公共交通が貧弱なパターンが多い。新潟市の場合でもそれに漏れず、上所は新潟駅から歩いていける距離でもなく、ましてや鉄道駅すらなかった。ニュータウンとしては交通アクセスが弱いのだ。これまで見てきたように、新潟市の開発において、交通アクセスの利便性はいつも泣きどころとなる。いわば新潟市の

ユーロタウンの開発スケジュール

2017年4月	設計・事前協議が開始
	近隣説明会を実施
	解体工事に着工
2017年11月	商業棟の設計・建設に着手
2018年3月	第1工区開発工事が開始
2018年12月	第2工区開発工事が開始
	公園・集会所の開発工事が開始
2019年1月	マンションA棟の工事・販売
	建売a地区の工事・販売
2020年2月	建売b地区の工事・販売
2021年2月	マンションC棟の設計・確認を開始
2021年9月	建売c地区の工事・販売

※ダイア建設新潟「計画項目提案書」より

スネでもある。

ただ、幸運にも上所はＪＲ越後線が、街区をかすめるようにして通っている。現在、住民が急増していることを受けて、市でも新駅設置には「必要性があることと認識している」と、かなり前向きだ。現在は第3街区までがユーロタウンの計画範囲だが、新駅ができれば、さらなる開発対象にもなりうる。周囲の街並みも含めてドラスティックに変わることができれば、念願のファミリー世代獲得のカンフル剤になる可能性だってある。ユーロタウンにかかる期待はかなり大きいのだ。

問題点があるとすれば、この新駅は請願駅方式になるという点。この方式になると、建設予算のほとんどを新潟市が負わなくてはならない。その額は百億円単位になる。現在、市は緊縮財政を強いられており、その開発費用をすべてまかなえるほどの体力があるかどうかは疑問符がつく。そのため、市は前向きな姿勢を示しながらも「引き続き新駅設置の可能性を検討する」と述べるにとどまっている。おそらく「作りたいけど、ない袖は振れない」というのが本音ではなかろうか。ぶっちゃけ新しいドーム球場よりも、上所新駅のほうが必要性は高い。移住者が増えれば、地域活性化にも繋がるし、さらなる住宅投資を呼び込むこともできる。市には、何とかビジョンを見誤らないでいただきたいと思う。

ただ、筆者がユーロタウン周辺を歩いていて気になったのは歩道だ。もともと市場だったためにガードレールがほとんどない。ラーメン屋前の交差点は交通量も多いのだが、そこを子供たちが縦横無尽に横切っている。ファミリー世代が増えて、子供だらけになるのはけっこうなことだが、現在の道路事情は子供を育てるにしては、かなり危険なようにも思う。新駅設置も重要ではあるが、実現にはけっこう時間がかかる。まずは、住民が暮らしやすい環境を整えることも頭に入れておいたほうがいいだろう。大事故が起きて、悪いイメージがつくのは怖い。その前に市はしっかりと生活環境について調査をしてみてほしいところだ。

ユーロタウンの街区は統一感があってオシャレ。無電柱化もできれば、もっとヨーロッパ風情があったような気もするんだけどね

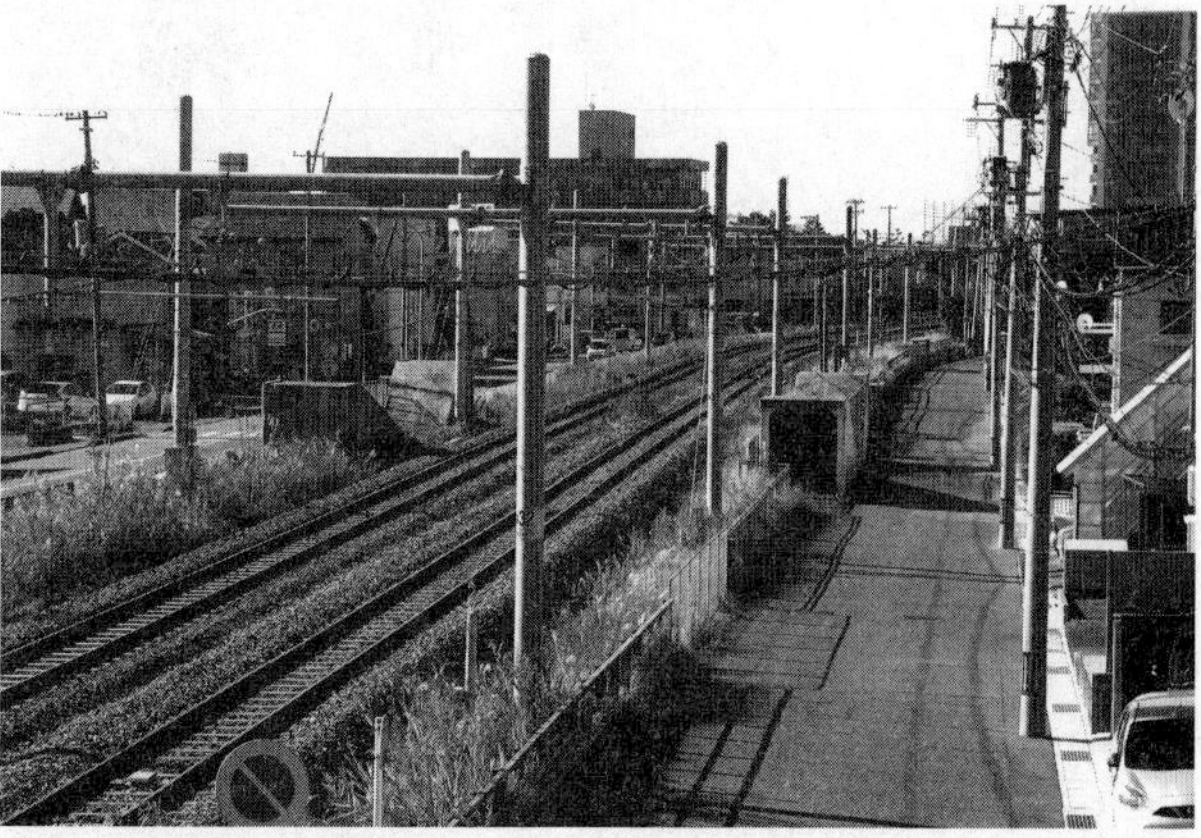

新駅が設置される予定のエリア。交通アクセスのデメリットを改善できれば、周辺開発が過熱して街が一変する可能性もある

新潟市コラム 4

沼垂テラス商店街が大人気!?

大改造中の中央区では、古い建物がどんどん解体され、跡地にリッパな建物が新築されている。時代に合わせて変化を加えていくことは大切だが、かつての姿が失われることに一抹の寂しさはある。あまりに地元が変わりすぎると、ふるさと感がなくなり、上京している者は、地元への帰属意識が薄れてしまいがちだ。かく言う筆者の地元も、大開発によって何もかもが変わってしまい、実家に帰っても故郷だと感じられなくなっている。新潟市の大改造が完了したら、そのように感じる上京者たちが増えるかもしれない。かつての名残をどこかに「残す」ことも、まちづくりにおいて大切なポイントである。

そんな視点で、新たな街を作ろうとしている商店街がある。それが沼垂テラス商店街だ。昭和40年ごろ、この周辺は青果や日用品を取り扱う小さな「市」が並び、大いににぎわっていた。しかし、モータリゼーションと郊外型店舗の進出

によって、急激に衰退。２０００年代には数店舗を残してシャッター街と化していた。

だが、２０１０年にある惣菜店ができてから、商店街には徐々に活気が戻り始める。そうして２０１５年には、沼垂テラス商店街として復活。今では飲食や雑貨など20店舗以上が軒を連ね、若者たちが集まる街になっている。

こうした復活を遂げたのは、ある地元民が旧沼垂市場の長屋をすべて買い取ったことから始まった。その開発方針はボロボロの長屋をなるべく変えずにリフォームすることで、昔ながらのレトロな風景を残しつつ、新たな店舗を迎えるというもの。これがハマって、今では県内外から観光に訪れる若者も増えているという。

実際に街を歩いてみても、そのレトロ感はかなり居心地がいい。というのも建て替えていないので、「無理やり作ったレトロ感」ではないからだ。こうした取り組みは若者や外国人観光客にピッタリだと思う。東京の新宿にはゴールデン街という長屋街があるが、ここは昭和の赤線街をそのまま活用し、そこに若者が入居してバーやスナックを開いている。昔ながらの風景が残されており、その光景を一目見ようと外国人が一眼レフカメラを片手にブラブラしている姿を見かけることもある（コロナ禍以降はいなくなったけど）。

沼垂テラス商店街も、ゴールデン街のように一躍脚光を浴びる可能性を秘めているように感じた。過去の遺物をすべて取り去ってしまうのではなく、活用して名所にしてしまう。何でもかんでもぶち壊して変えようとする行政は、沼垂テラス商店街から学ぶものが多いのではないだろうか。ただ、飲食店のメニューがどれもちょっと高いのは唯一の難点かなぁ。

第５章
発展しきれない北区と東区の現状

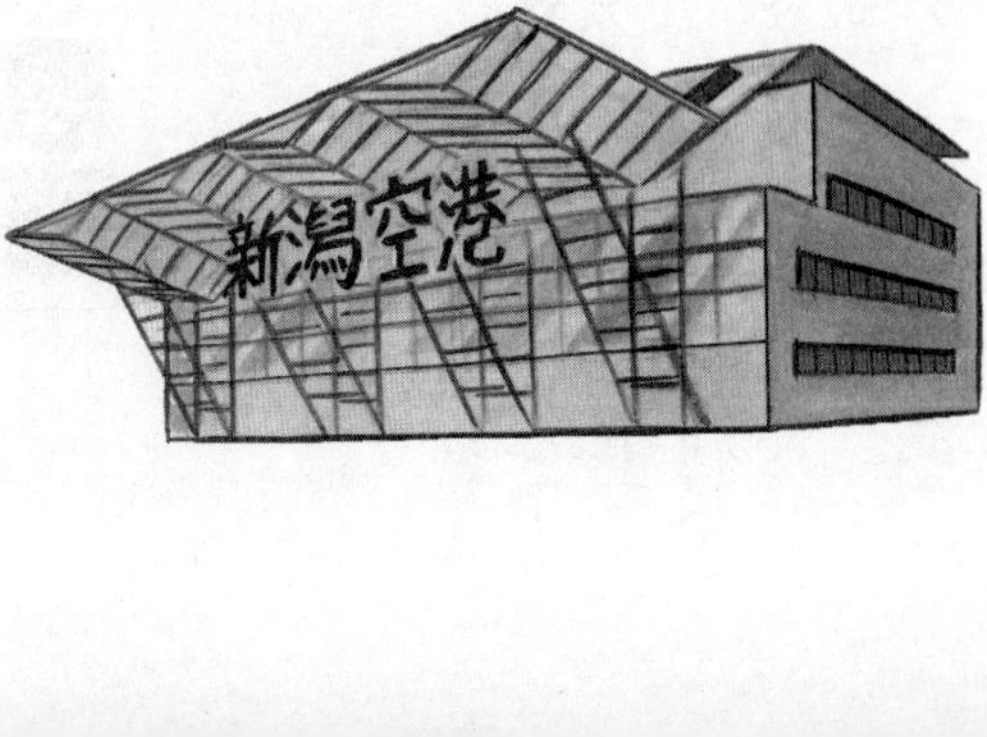

オンボロな北区役所が移転
そのウラに見え隠れする思惑

まったく発展していない北区の中心街

新潟市は大合併の際に「地方分権型都市」を宣言し、合併前の街を無理に変えず、地域に根差した発展を図ってきた。そのため、新潟市の各区にある中心市街では、大規模な再開発などは行わず、旧来から受け継がれてきた地域コミュニティの熟成を狙うまちづくりが根底に据えられている。確かに、旧住民たちが大切にしてきた街が保全されていたほうが、住民の愛着は薄れにくいし、各地域の習慣も消えることなく受け継がれやすいのかもしれない。

だが、それは裏を返せば、田舎は田舎のまま残されるということになる。というわけで、各区の中心街はよくも悪くもまったく変わっていない（江南区の亀田はちょっとちがうけどね）。新しく合併した区の中心街は、どこもかしこも昭和の風情がたっぷりだ。

北区もその例に漏れず、中心街である豊栄駅周辺は、実にレトロ感満載（古いだけ？）のアーケード商店街が広がっている。昼過ぎだというのにシャッターが閉まっている店も多く、歩いているのは中高生かご老人の二択。回りくどくなってしまったが、要するに衰退する街の典型例なのである。「地方分権型都市」とはよく言ったもので、本当は開発に回す金がないだけなんじゃないかと、ミョーに勘繰りたくなるのは筆者だけであろうか。

新区役所の運営は民間業者に委託される？

かといって、まったくの手つかずというのも北区民としても納得がいかないだろう。そこで、北区では２０１０年に北区文化会館がオープン。毎年恒例の「北区落語まつり」では、『笑点』で有名な春風亭昇太が出演したりもしていて、北区のおじいちゃんおばあちゃんを喜ばせている。そのほか、「ハピスカとよ

北区区役所移転のスケジュール

2017年11月	基本・実施設計（新庁舎・外構）
2019年10月	新庁舎建設工事に着工
2021年1月	新庁舎の供用開始
2021年度	現庁舎本館解体工事
	新館改修・外構工事
2022年度	現葛塚コミセン解体工事
	現豊栄地区公民館解体工事
	新庁舎外構工事（駐車場等）

※北区公表資料より

さか」というスポーツ教室なども開催されており、それなりに活用されているようだ。

この北区文化会館のエリアは、公民館や図書館も併設されており、北区の文化拠点とされている。地方分権型都市で掲げられた地域コミュニティの中心地というわけだ。そして、今度はそのエリアに北区役所が移転してくることになっている。現在の北区役所は、露天市場が開催されている葛塚のすぐ近く。この露天市場は1761年から続く朝市の名残りで、旧住民にとってのプライドでもある。今は毎日開いている商店は、ほとんどなくなってしまったが、江戸時代にはこの地域の中心であった。そのため、旧市役所も葛塚に置かれ、これがそのまま北区役所として使用されていた。だが、1962年に建てられたものだから、もはや老朽化は限界に達していて、新庁舎移転は必然的な流れでもある。本書発売の頃には開庁されていることだろう。

で、この新庁舎はちょっと変わった手法で運営されるらしい。それがＰＦＩという方式だ。これは、公共施設などを民間業者が運営するというもの。ちょっと勘違いしてはいけないのが、施設ごと売却して民営化するのではなく、あくまで行政サービスなどを民間で運営していくことになる。メリットは、公共施設の整備に民間の資金を入れることで、行政側のコストを抑えられる点。デメリットは、地域に根差した行政サービスになるかどうか、ふたを開けてみないとわからないことだ。

さらに、民間業者に対して収益モデルを行政側が提案しなくてはならない。はたして衰退著しい豊栄（北区）で、そんなことができるのかは疑問が残る。ＰＦＩ導入が机上の空論に終わらないことを祈りたい。

旧豊栄市長と前新潟市長は蜜月の関係だった！

さて、少し話は戻るが、実は「地方分権型都市」を提唱したのは、旧豊栄市の小竹市長だったことはご存知だろうか。地域コミュニティの育成に力を入れ、合併前の2001年から「地域活性化特別予算」として1億円を投資。各中学校区での地域コミュニティに尽力し、あくまで「住民自治」という概念にこだわり続けていた。

これに賛同したのが、篠田前新潟市長だった。そのため、二人は意気投合し旧新津市が合併に反対した際も、小竹市長の協力を得て説得にあたったらしい。こうして二人が思い描いた政令市合併が成立して、今に至っている。だからというわけではないが、平成の大合併をした旧市町村のなかで、もっとも早く文化会館が完成し、区役所の移転もスムーズに話が進んだのは……まあ、この話はここでやめておこう。

1962年に建設された現北区役所は見た目もオンボロ。耐震性も怪しいし、すぐにでも移転すべき状況であった

現区役所とは対照的に超リッパな新庁舎。20億円の総費用がかけられたそうだけど、それも前市長同士の仲がよかったから？

東区は日本屈指のスーパー激戦区
その仁義なき争いを徹底検証!

代表的な東区のスーパーに潜入してわかった各店舗の個性

平成の大合併前から新潟市に所属する東区は、新潟西港や、新潟空港など、新潟市の海と空の玄関口ともいえる区である。一方で、鉄道駅は南部にしかない上に、住宅地が区内の広範に及んでいるので、完全な車社会を形成している。そのため、他区のように中心市街と呼ばれるものがなく、商業施設もあちこちに広がっている。とはいえ、いくら完全な車社会といえど、日用品の買い出しはなるべく至近に求めるもの。そうした住民のニーズに合わせてか、東区はスーパーの激戦区となっている。

グーグルで「新潟市東区　スーパー」と地図検索をしたところ、区内にあるスーパーの数は全部で20軒。中央区に次いで2番目に小さな区でありながら、これだけのスーパーがあるのは、なかなかめずらしい。専門誌に「世界一の流通小売激戦区」として取り上げられたこともあったぐらいだ。スーパー業界では「新潟で成功すれば、どこでも成功できる」なんて言われ方もしている。なかでもスーパーが集積している東区は、日本屈指のトップランカーともいえるだろう。

というわけで、今回の取材では東区内にあるスーパーを巡ってみることにした。とはいえ、20軒すべてを回るわけにもいかないので、代表的なスーパーをピックアップして巡ってみた。いちおう全国各地のスーパーを取材してきている身として雑感をまとめてみよう。

1軒目：原信

原信は1907年に長岡市で開業した老舗スーパー。現在は群馬県や埼玉県にまでその勢力を拡げ、従業員数は1万人を超え、売上高は2408億9800万円。県内では断トツのシェアを誇る。すべての店舗が24時間営業というところもスゴイが、何より店舗面積がとにかく広いのである。筆者はセントラルマーケットに訪れたが、商品量がハンパじゃないのに、通路が広くてカゴとカゴがぶつかるようなこともなかった。また、納豆だけで10種類以上あったのには、マジで驚いた。もちろん、マツコ・デラックスに絶賛された山ノ下納豆も置いてあったし、値段もかなり安めである。買い物をしていたご老人が「原信が一番安心できる。新潟市では一番いいスーパーだと思う」とも言っていたように、新潟市を代表する最強のスーパーといっても過言ではないだろう。まあ、創業は長岡市なんだけど、もはやそんなことも気にならないほど、市民から高い支持を受けている。

2軒目：ウオロク

新発田市発祥で、現在は中央区に本社を置くウオロクも、新潟市民にすっかり定着した地元スーパーのひとつ。店内をぶらっと回ってみた結果、ウオロクはその名の通り、鮮魚にかなり力を入れているのがわかる。江戸時代から鮮魚商を営んでいた経緯から、とにかく新鮮な魚介類を仕入れており、値段も他スーパーに比べると、かなり割安だ。筆者が見たかぎりでは、相場の20～40円ほど安い印象であった。東区在住の40代主婦も「夫が魚好きだから、いつも買い物はウオロクにしている」とのこと。原信に比べると小型の店舗を展開しているが、新潟らしい魚介類を味わえるのは最大のメリット。近くにこんなスーパーがあったらいいなと思える店であった。

3軒目：チャレンジャー

原信、ウオロクに次ぐ3番手に位置するチャレンジャーは、三条市で誕生したスーパー。東区にはフレスポ赤道に店舗を構える。業務用とも思われる大量のパックなども店内で展開している。筆者が一番驚いたのは店員の愛想のよさ。筆者が普段利用している東京のスーパーは、やる気のない主婦と学生バイトばかりで、まったく活気がないのだが、まあとにかく店員が元気なこと。原信、ウオロクに対するチャレンジャーとして、小気味いい店づくりをしていると感心させられた。

4軒目：キューピット

ほかのスーパーが他市発祥であるのに対し、東区発祥のスーパーが、キューピットである。キューピットは1958年創業で、新潟市内に12店舗を展開。そのうち4店舗は東区内にある。キューピットはそれぞれの店舗が小さいが、住宅地の小さな区画にあり、車というよりは徒歩でも通えるような立地にあることが特徴だ。商品ラインナップ、価格ともに中の中だが、ほかのスーパーよりも住民密着型のスーパーだといえるだろう。

5軒目：イオン

新潟市といえば、やはりイオンである。どこの区に行ってもイオンがあり、東区だけでも3店舗も展開している。筆者が訪れたのは新潟東店で、やはり全国チェーンだけあって、スーパーの規模は原信並みにデカい。筆者が知っている一般的なイオンの大型スーパーで、商品のラインナップに新潟らしさはまったく感じられない。だが、それでも地元民にとっては利便性が高いらしく、昼前だというのにかなりの客が入っていた。まあ、スーパーだけでなく、さまざまな日用品をそろえるのは便利だしね。

このように、東区ではそれぞれのスーパーが個性を発揮して、しのぎを削っている。それだけに敗北を喫した店もある。かつて東区に本社を置いていたパワーズフジミというスーパーは、2013年に経営破綻をきたし、県内に14店舗あったすべての店が撤退した。もともとは佐藤のごはんで知られる佐藤食品工業からスーパー部門を分離して設立されたスーパーであり、ピーク時には196億円の売り上げがあったが、2005年に、仙台市の拠点とするモリヤに買収されてからというもの、業績は悪化の一途を辿り、2010年に民事再生法の適用となった。それからというもの、店舗からは商品が目減りし、破綻直前には、ネタの乗っていない「握りずし」だったり、パンの耳を揚げて砂糖をまぶしたものが総菜として並べられていたそうで……。さすがは日本屈指のスーパー激戦区。東区で新規のスーパーが成り上がるのは、容易ではなさそうだ。

個人的に一番利用したいと思ったのはウオロク。日によって価格は変わるだろうが、サンマ１尾98円はなかなかの安さだと思う

原信は市内でトップシェアを誇る巨大スーパー。24時間営業なので、どんな職業の人でも利用しやすい

利用者が伸び悩む新潟空港の未来を探る

成田空港より早かった国際路線の開通

新潟県の玄関口である新潟空港は、実はけっこう歴史が深い。１９３０年に新潟飛行場として開港して以来、日本陸軍の飛行場となり、戦後は米軍に接収されて、１９５８年の返還に至るまで軍用飛行場として活用された。その年に新潟・東京間の定期路線が開設された。１９７３年には、東西冷戦下のソビエト連邦のハバロフスク空港との間に国際定期便が就航。また、１９７９年にも、韓国ソウルの金浦国際空港（後に仁川空港との定期便に変わる）に就航するなど、日本海側でいち早く国際定期便が開通した。ちなみに、成田空港の開港は１９７８年のため、国際線が就航されたのは新潟空港のほうが早かった（これ重要!)。その頃は国際空港としての期待を背負っていたそうだ。かつては国際線の増加を図り、ホノルル、グアム、西安、ウラジオストク、ハバロフスク、イルクーツクとの定期便が開設された。とくにウラジオストク、ハバロフスクへの定期便は、新潟空港の独自直行便だったこともあり、利用者を独占できていたが、成田空港の国際線が充実すると、一気に利用客は減少。多くの定期便が廃止や運休に追い込まれた。

追い打ちをかけるように、1982年に上越新幹線が開業すると、新潟空港の拠点性はさらに低下する。東京・羽田間の利用者数も急減。以来、右肩下がりで売り上げも減少していった。そもそも上越新幹線が完成して以来、新潟県議会では、しばしば新潟空港への延伸が議論されてきた。1991年には衆議院の予算委員会で議題にされたこともある。当時、成田空港では発着数がひっ迫しており、新潟空港を北側の玄関口として整備する案も練られていたのだ。だが、ご存知の通り、今に至るまで新幹線の乗り入れは実現していない。足掛け20年をかけても、まったく進展していないんだから、ほとんど可能性はなさそうなものだが、実は今でも延伸案は水面下でくすぶっている。とはいえ、北陸新幹線もできたし、国のバスタ計画も着々と進められている。今さら新潟空港を整備したところで、はたして拠点性が高まるかどうかはビミョーなところである。

インバウンドで沸いていた時期も、新潟空港の外国人利用客は伸び悩み、その恩恵にあやかれなかった。コロナ禍で国際便は２０２０年11月現在も停止したまま。もはや明るい未来が描けない状況にある。

議論ばっかりじゃなくてもっと動こうよ！

そんな新潟空港を活性化すべく、各関係者を巻き込んで検討会議が何度も開催されている。なかでも、現在議題に挙がっているのが、まったく利用されていないA滑走路の活用法。A滑走路は、現在の安全区域に係る国際基準を満たしていないため、存続させるか廃止させるかで、以前から何度か議論の対象にされてきた。

そんなA滑走路の有効活用法として、近年注目を浴びているのが航空関連の人材を育成する専門学校や、新サービスを展開する航空会社の誘致など。ほかにも商業施設の誘致や、はたまた小型プロペラ機を活用した航空サービス案も浮上。新潟市では航空機事業を成長産業に位置付けており、プライベートジェット機及び小型モビリティ機に関連するサービスを新潟空港周辺に誘致するプロジェクトも進めている。塩漬け状態のA滑走路を、いかに活用していくかが新潟空港の命運を握っているのだ。

また、東日本大震災以降に見事復活を遂げた仙台空港にならって、民間事業者に運営を委託するコンセッション方式を採用する案も検討されている。だが、もともと利用者数の減少が止まらない新潟空港において、民間業者が投資をする魅力を感じるかは何ともいえないところではある。

ただ、これらの動きを見ていると、議論があっちこっちに飛びすぎて、どれも決定打に欠けているように感じられる。それもこれも新潟空港をどんな空港にしたいのか明確なビジョンが欠けているからだ。議論をどんなに重ねても、アクションがなければ、新幹線延伸計画のように時間がかかって何も前に進まない。誰かが責任をもって決断できるといいのだが。

新潟空港至近には海という財産がある。ここを海水浴場として空港と一体的に利用できれば、面白い取り組みになりそうなんだけど

いまだに新幹線延伸にこだわるのはもうやめて、まずは新潟空港が目指すべきビジョンを決めちゃったらどうだろうか？

新潟市コラム 5

ダチョウで一攫千金を狙え！

年が年中混み合っている新潟バイパスを、新潟駅から東へ約20キロ。信号のほとんどない道路を悠々とドライブしながら向かったのは「道の駅豊栄」だ。交通量の多い道路だけに、道の駅利用者もけっこう多いようで、平日だというのに駐車場にはけっこうな台数が停車していた。トラックの運ちゃんの格好の昼寝スポットになっているようだ。

1988年に「豊栄パーキングエリア」としてオープンし、道の駅発祥の地を自認しており、施設の前にはちゃっかり石碑まで建っている。ただ、ここが発祥の地であるかどうかには異論がある。というのも、国が道の駅制度を正式に採用したのが1991年。山口県、岐阜県、栃木県の12カ所で社会実験が行われ、これらを発祥とする説がある。だが、制度が定められるよりも以前に一般道上の情報提供施設や休憩施設を兼ね備えていたことから、豊栄のほうが真の発祥

の地だと主張している。まあ、ぶっちゃけ発祥の地論争は、行けども行けども結論が出ないので、この辺で終わりにしたい。

本題は、発祥の地があるかどうかではない。この道の駅になぜかダチョウがいると話題になっているからだ。駅施設の裏側に「とよさかダチョウファーム」があり、そこに数匹のダチョウが飼育されている。餌やり体験もできるそうだが、ダチョウってけっこう狂暴。いちおう柄杓に餌を入れて、餌やりをする形式だそうだが、万が一噛みつかれると仕事に支障をきたすので、筆者は遠慮しておいた。ちなみに、道の駅ではダチョウの卵も販売されている。ただ、殻が非常に堅く、大きいものになると、一般的な卵の25個分にもなるらしい。

そんな大量の卵、どうやって使い切れって言うのか……。

さて、なぜダチョウに着目したかというと、実はダチョウの卵からとれる成分が、にっくきコロナウイルスに効くかもしれないとして研究されているからだ。仮に、この説が本当だとすれば、一気にダチョウは注目の的になるはずだ。絶対に売れないであろうダチョウの卵に消費者が殺到するかもしれない。そうなれば、道の駅豊栄は昼寝スポットではなく、いっぱしの観光スポットになるかもしれない。

まあ、ダチョウの卵を量産することはできないだろうが、いずれにしても、ダチョウを飼育している道の駅は、さすがに全国でもここだけだろう。発祥の地では全国から抜きんでた存在にはなれなかったが、まさかのダチョウが道の駅豊栄に恩恵をもたらす⁉

第6章
郊外の西区と田舎の西蒲区の明暗

何かと不評なBRT一番の被害者は西区民？

BRTで不便を強いられる!?

2015年に、強力に推進された新交通システムBRT。だが、このBRTの評判はすこぶる悪い。市内で誰に聞いても「ありゃ失敗」「今世紀最大のムダ」といった辛らつな意見しか耳にしなかった。そもそも計画当初からその必要性が市民の間で議論されてきた〝問題児〟で、導入に至るまでの経緯も不透明そのものであった。

海抜ゼロメートル区域が多く、地下鉄が作りにくい新潟市では、来るべき少子高齢化社会に向けて、鉄道に代わる新たな公共交通システムの構築が急がれていた。

かつて、このＢＲＴを含む新交通システムの導入とその効果について、新潟市は大きく分けて2つのメリットを強調していた。1つ目は「主要な拠点間の移動における定時性・速達性の向上」。つまり、渋滞などせずに時間通りにスピーディに移動できること。2つ目は「シンボル的な交通システムによる新たな魅力創出」だった。具体性に欠けるが、新たな乗り物を走らせれば新潟市の魅力がアップするんじゃないか、ということだろうか。以下、「バス路線再編によるフィーダーバスサービスの強化」「交通結節点におけるシームレスな乗り継ぎ環境の向上」と、説明の肝要な部分にカタカナ語が使われていたりして、あいまいな説明に終始していた。

で、肝心要のスピーディーな移動ではあるが、市民は導入から5年が経った今でもまったく成果を感じていない。まず、専用レーンが完全に整備できなかった影響で、中心市街地からのアクセス時間はまったく変わっていない。さらに一般道路と併用して走っているので、時に遅延が発生することもある。そうなると大変なのが、バスの乗り換えだ。

とくに不便を被っているのは路線に暮らす西区民である。ＢＲＴが完成する以前は、新潟駅から西区の郊外を結ぶ路線が直通運転されていた。しかし、BRTができて以降は、青山のバスターミナルでバスの乗り換えが必要になってしまったのだ。これが実に不便極まりなく、基幹路線である萬代橋ラインに遅れが発生すると、待ち時間が長時間になることもある。市が行ったアンケートでもバスの乗り換えについて「協力は難しい」と答えた割合が4割にのぼっているように、多くの西区民はBRTのメリットを感じるどころか、「これだったら前のほうがいい」と感じている。2016年に市が調査したところによると、乗り換えにおける待ち時間はすべての系統で15分以下に抑えられていると説明していたが、「逆に乗り換えのバスとの時間が詰まりすぎていることもあって、遅れが許されないケースもある」と、ある会社員は指摘していた。

また、青山バス停には構造的な欠陥もある。青山のバス停はイオンに沿ったかたちで設置されているが、系統によっては、降車バス停から100メートル以上歩く必要がある。本数が少ない郊外路線への乗り換えだと、かなり急がなくてはならないこともあるそうだ。しかもBRTに遅延が発生した場合、乗り換えるバスは、発車を待ってくれない。つまり、乗り換え保証が行われていないのだ。ここも改善が必要なポイントでもある。

新潟市に必要なのはLRTだった

こうした不評を受けて、BRT計画は縮小を余儀なくされた。実はまだ第一次計画が終わったに過ぎず、第二期として新潟駅～鳥屋野潟南部地区への延伸が計画されているのだが、これについて現市長は「市として積極的にかかわっていくのが難しい」との見方を示している。市としては半分撤退せざるを得なくなったのだ。そりゃそうだろう。こんな悪評高いインフラをさらに推進すれば、市長の支持率低下にも繋がってくるわけだし。やはりBRT導入は時期尚早だったように思われる。

そもそも新潟市はBRTではなく、LRTの導入を狙っていたフシがある。そこで、改めてBRTとLRTの簡単な説明をしよう。BRTはもう市内を走っているのでご存知だろうが、いわば「バスを基盤とした大量輸送システム」のことである。国内には、バス専用車線を有する輸送システムや連節バスを用

新潟市民のBRTへの意見

乗り換えが面倒	様々なルート復活希望
車椅子だと乗れないバスが多い	税金の無駄遣い
銀色バスの渋滞が減った	運転の邪魔
態度悪い運転手がいる	土日祝日の便の少なさ
西区、市役所のためのBRT	そもそも使わない
バス本数が減り大変	無駄にでかい
回送、乗客なしが多い	車社会にバスいる？
BRTへの丁寧な説明が必要	他の案はなかったのか？

※新バスシステム・BRTの総括についてアンケート　住民への取材から作成

いた一般バス路線が存在しているが、新潟のそれは後者である。これは市内中心部や郊外のバス路線を再編し、新運賃システムを導入した、いわば新規のバス路線でしかない。要はLRTなぞ導入されたらたまらんとする新潟交通との妥協点を図り、導入された産物である。佐渡汽船といい、市や県と強いつながりのある企業の言い分（力）には逆らえないということだ。

さらに、BRTはすぐに国の助成制度が利用でき、コストが安く短期間で導入できるという点も、市にとっては魅力的だった。ただ、約30億円というコストに対してもケチが入って、連接バスの購入を８台から４台に半減させるしかなかった。

一方のＬＲＴは、専用レールを走る次世代型の路面電車のことで、電動なので排ガスも出さず環境にも優しい。しかし、導入するには専用の軌道を設置せねばならず、市としてはかなり大きな投資となる（もちろん維持費もそれなりにかかる）。ちなみに篠田市長時代に新潟市が考えたＬＲＴのルートは基本的に環状線である。新潟駅を中心（起点）として、そこから市役所、県庁、市民病院、新潟スタジアムをぐるっとめぐる。この環状線に加えて、新潟駅と県庁、万代島をそれぞれ最短距離で結ぶ路線も構想された。環状線ともなれば、市内を周遊できるし、ＢＲＴよりもスピーディーな移送が可能になる。建設費はべらぼうだが、理にかなっていたのはＬＲＴのほうだったのだ。

ハードルが高いＬＲＴ導入

ＬＲＴについてはすでに導入されている市がある。それが富山市と宇都宮市だ。富山は市長のトップダウンによって比較的スムーズに計画が遂行されたが、宇都宮は紛糾した。

宇都宮市のLRT構想が持ち上がったのは1993年のこと。しかし、2003年に財政を優先した当時の県知事の判断で計画は一旦中止された。その後、2004年に宇都宮市長を務めたLRT推進派の人物が県知事となり、入れ替わるように推進派の人物が宇都宮市長になってLRT計画は再燃。ところが、400億円を超える莫大な総事業費と採算性、そしてそもそも赤字財政の宇都宮市がつくる必要性に疑問を持った反対派の活動もあって、計画は遅々として進まなかった。そのなかで、ようやくこの事業が国土交通省に認可されたのは2016年9月。工事スタートは2018年で、開業は2022年が予定されている。構想から実現まで実に約30年もかかっているのだ。行政のトップが相当の力（ワンマン）を持っているか、あるいは地元のバス会社、市民（納税者）の理解を地道に得ていかなければ、いくら国交省がLRT導入を支援すると言っても、一自治体がLRTを導入するのは難しいのだ。

車社会だから、路面電車なんぞより、車優先のインフラ整備が必要という意見もわかるが、それは交通弱者をないがしろにしている。近年は暴走老人が二ユースをにぎわし、高齢者の普通免許返上の必要性も高まっている。

こうした現状を受けて、国内における公共交通の重要性も増した。バスはもちろん重要だが、都内のような運賃が一律ではない地方のバスは、高齢者への運賃助成はあっても、多くの人にとって負担は大きい。だからこそ、初期投資はかかってもLRTのほうが新潟にこそ必要だったように思う。

今はBRTの利便性改善がベターな選択肢

ただ、市はLRT導入をあきらめたわけではない。今は市民からの不評と財政難もあって、静かにしているものの、どの交通計画書でも小さく「LRTに移行する場合」といった記述があるのだ。つまりBRTからLRTへと移行する可能性は、わずかながら残されているのだ。そうなれば、先ほど指摘したように、BRTよりよほど新潟市にとって有益なものになるはずだ。

ただ、その際も不便を被るのは西区民。というのも、LRT環状線の構想に、青山は含まれておらず、今度は新路線から漏れる可能性が大きいのだ。

西区民の足として活躍している越後線。仮にLRTの計画路線から漏れたとしても、越後線との接続がうまくいけば利便性は維持できる

そうなると、西区民からしてみれば、BRTは単なる混乱をもたらした無用の長物にすぎないという評価になる。何なら無理やりLRTを引っ張ってでもらいたいものだろうが、青山を経由して再び中央区に入るというのも、なかなか現実的ではない。LRTに移行するにせよ、導入までには相当な時間がかかる。現状はBRTとともに生きていくしかない。今後は住民目線での改善を推し測り、市にはBRTが存在するかぎり、利便性の向上に努めていただきたい。計画縮小はいいとしても、「やっぱやーめた」と無責任に放り投げるのだけは絶対に許されないぞ!

計画縮小に伴い、連接バスの追加購入も見送られた。BRTの目玉だったはずなのに、まさかの4台だけって寂しすぎない？

連接バスが混みすぎると、遅延が発生することも。そうなると青山での乗り継ぎで、さまざまな不便が生じ、西区民を困らせる

地元民の宝でもある佐潟復活をかけた「潟普請」

赤塚民の宝物である佐潟の歴史

本書シリーズの取材では、地元民しか興味がないような地味なスポットを取り上げる機会が多いが、今回新潟市を巡ったなかで、もっとも地味だと感じた場所が佐潟である。1996年にラムサール条約に登録された際、地元は大きな喜びに包まれたそうだが、それからすでに15年。佐潟水鳥・湿地センターに訪れるのは地元民がメインで、観光客なんてまったく見かけない。筆者が訪れた際には、おじさんがポツンとひとりで水鳥を眺めているだけであった。これまで、各地のラムサール条約湿地を訪れてきたが、どこも似たようなもので、ビッグな観光資源にはなりづらい。それこそ伝統的に観光地化されている湿地ならまだしも、佐潟は長い間放置されてきたので、今さら名を上げるのは不可能に近いのだ。

ただ、地元民にとって佐潟は地域の歴史を辿る重要な宝でもある。とくに赤塚周辺では、佐潟と歩む赤塚の会を結成し、ＳＮＳなどで水鳥の様子などを発信している。というのも、佐潟と住民とは深い歴史で繋がれているからだ。

佐潟の歴史を辿っていくと、縄文～弥生時代にまで行き着く。佐潟は狩猟の場として活用されていたようで、周辺ではよく狩猟具の石器が出土している。平安時代になると漁場としても利用されていたようだ。江戸時代には高田城主の松平氏に水鳥を保護され、フナの名産地として栄えた。

その後、明治時代には、漁業権の申請や蓮根組合の存在の記録があり、当時の赤塚村の経済を支えていたことがわかる。赤塚地域では、農業をはじめとしたすべての生活用水に佐潟の水を利用していた。夏の水枯れ時には、潟にたまったドロや枯れた水草を取り除く一斉清掃を地域住民総出で行う「潟普請」も実施されていた。潟普請は、用水の確保だけではなく、放流した稚魚の成長など、漁業にとっても必要不可欠であった。村を支える大切な潟だったので、用水管理だったり、排水に見回りなども赤塚住民が徹底して行っていた。

こうして佐潟周辺では、稲作が盛んになった。終戦後まで開墾が進められ、当時は見渡す限りの田んぼが広がっていた。底にたまった泥をかきだしたりもしていたようで、こまめに整備されていたのだ。

ラムサール条約で復活した「潟普請」

このように、1960年代までは、農業用水池や淡水魚の良好な漁場、またあるいは水田として人々の生活にとってなくてはならないものであり、地域住民が必死に守り続けてきた。そのため、昔と変わらない生態系を維持できてきたのだ。

ところが、高度経済成長期に入ると、状況が一変する。1970年頃から国が推進した減反政策によって田んぼは姿を消し、1982年には佐潟公園が整備されて、かつての田園風景は次第に薄れていった。その結果、佐潟は次第に地元民からも軽視されるようになり、長らく行われてきた保全活動も下火になってしまった。そのため、佐潟は水質悪化が急激に進んだのだ。

こうした状況を変えたのがラムサール条約であった。おそらく当時の地元民の多くはラムサール条約がどんなものか知らない人もいただろうが、それでも世界から注目されたことで、佐潟を再生しようという動きが強まった。地元住民は「佐潟クリーンアップ活動」を立ち上げ、かつて行われてきた泥の排出などを積極的に行うようになったのだ。いわば「現代版潟普請」である。

民間の調査会社などに依頼して水質改善に努め、かつての風景を取り戻すべく岸辺に小さな田んぼを作ったりもしている。着々と再生を図ってきた努力によって、佐潟の水質は改善傾向にある。

ただ、それでもやっぱり地味さは変わらない。ちょっとした観光地化している福島潟に比べると、単なる沼地感が強い。ラムサール条約って、それほど観光に与える効果はないしね。今後も地域の宝であり続けるのは間違いないだろうけど。

佐潟は水鳥が多く、牧歌的な里山風景を楽しむこともできる。地味だけど、住民とともに歩んできた深い歴史がある

佐潟の目の前に設置された唯一の施設「佐潟水鳥・湿地センター」。訪れたときは休業日にあたり、内部は拝見できなかった

ド田舎タウンの新たな試み 西蒲映画って何だ!?

大胆な発想で制作された西蒲区の官製映画

西蒲区は、市内で最大の面積を誇り、区域の約半分を水田が占める一大稲作地帯を形成している。6万人を割り込んだ人口は、南区に次いで2番目に少なく、少子高齢化が著しい。その一方、持ち家比率や住宅の延べ床面積は市内でもっとも広く、3世代が同居する世帯も多い。要するに人口は少ないが、家は広いという典型的な田舎である。ちなみに市民の話によれば、昔ながらの暴走ヤンキーが多いのも西蒲区の特徴だそうだ。

そんな西蒲区について、事前調査で何か話題はないかと調べていると、西蒲映画という気になるサイトを発見した。今風のオシャレなデザインで、雰囲気としてはミニシアター系っぽい。筆者は映画をよく観るので、そのフィルムワークを見るだけで、何となくその映画の狙いがわかる。うん、これは明らかに低予算の人情系ドラマだ。

いったい西蒲映画って何なんだってことで、よくよく調べてみると、どうやら西蒲区と武蔵野美術大学が連携して制作された、西蒲区をPRするための映画らしい。つまり、映画を活用したまちづくりの一環に他ならない。ただ、映画そのものを制作してしまうのは、一自治体のPR手法としてはけっこうめずらしい。普通、映画をまちづくりにしようとすると、フィルムコミッションが映画の誘致活動を行い、現地をロケ地や話の舞台にしてもらうのが一般的だ。

たとえば、近年話題になった映画『カメラを止めるな！』の舞台となった茨城県では、茨城県を舞台にして映画を撮影してくれれば、宿泊費や経費などを県が肩代わりするなどの優遇措置をとって、映画による聖地化を狙っている。だが、この場合、仮に撮影が決まっても、茨城が舞台だとわかりづらいこともある。なかなか地元の魅力をPRするための映画になっていないのが難点だ（撮影クルーからの評判はかなりいいみたいだけどね）。そのため、茨城県では、茨城の地名などを前面に押し出した映画などを募集しているが、これがいっこうに決まっていない。ただ、こうしたフィルムコミッションがリード役となって、映画をまちづくりに活用する例は、全国各地で取り組まれている。

だが、西蒲区は誘致なんて遠回りはせず、映画そのものを制作するという大胆な発想でもって表舞台に打って出た。保守的な新潟市にあって、画期的な試みである。

クオリティは十二分だがちょっとアピール不足

この西蒲映画は『ハモニカ太陽』『にしかん』『ボケとツッコミ』の三部作となっていて、そのどれもがユーチューブで無料で視聴できるようになっている。そんな出血大サービスに応えないわけにはいかない。さっそく鑑賞してみることにした。

西蒲区民でもあまり観ていないだろうし、映画好きとして「ネタバレ」は最大のご法度だから、あらすじについては触れないでおこう。で、三部作を全部観た率直な感想を述べさせてもらうと、これがけっこうアリ！　まず、レトロな雰囲気を強調した映像が美しく、西蒲区のただの田舎の風景が、3割増しでキレイに映し出されている。武蔵野美術大学で講師をしている現役クリエイターの手にかかれば、西蒲区の田舎もムードたっぷりである。全編を通じて西蒲区が舞台になっているので、区民には馴染み深い風景が広がっているにちがいない。ちなみに、映画の冒頭では、東映にならっているのか、岩場に打ちつける波の風景がバックに流れるのだが、この場所はおそらく角田浜の判官舟かくしを抜けた先の風景にちがいない（まちがっていたらごめんなさい）。

脚本もしっかりしていて、泣けるポイントもあり、どの作品もけっこう引き込まれてしまった。総じていえば、官製映画とは思えないクオリティである。

さすがニューヨークで映画賞を受賞しただけのことはある。

どうも褒めすぎると、むずがゆいので、ここで残念なところもひとつ指摘しておきたい。何よりユーチューブでの再生回数がかなり少ないのだ。記念すべき一作目である「ハモニカ太陽」は2万回再生だが、『にしかん』は2000回に満たず、『ボケとツッコミ』も5000回ほど（2020年12月5日現在）。

せっかく無料で公開しているのだし、これだけのクオリティなのだから、もっと広くアピールして、観てもらえるような仕掛けがほしい。

そもそも西蒲区に訪れて、まったく西蒲映画の「に」の字も見かけないのは寂しいかぎりじゃあないか。区役所に行って、ようやくパンフレットを見つけたぐらいだから、区民にさえ浸透しているか疑問だ（情報通のタクシーの運ちゃんでさえ知らない人もいた）。せっかくイイ映画を作ったんだから、もっと街をあげてアピールしてもいい。

そのためには、西蒲映画をより市内に広げて、新潟市全体をアピールする映画にしてしまってもいいのではないだろうか。市民全体に浸透すれば、もっと再生回数も増えるだろうし、永続的に活動できる。低予算だろうから、続けていくコストも安く済むはずだ。映画は斜陽産業といわれて久しいが、それでも面白い試みだから、爆発的な話題を呼ぶ可能性だってある。このまま三部作だけで埋もれてしまうのは、もったいなさすぎるよ！

見た目はボロボロの西蒲区役所だが、なかにはアイデア豊富な職員もいる。西蒲映画はいい着眼点だったと思うぞ！

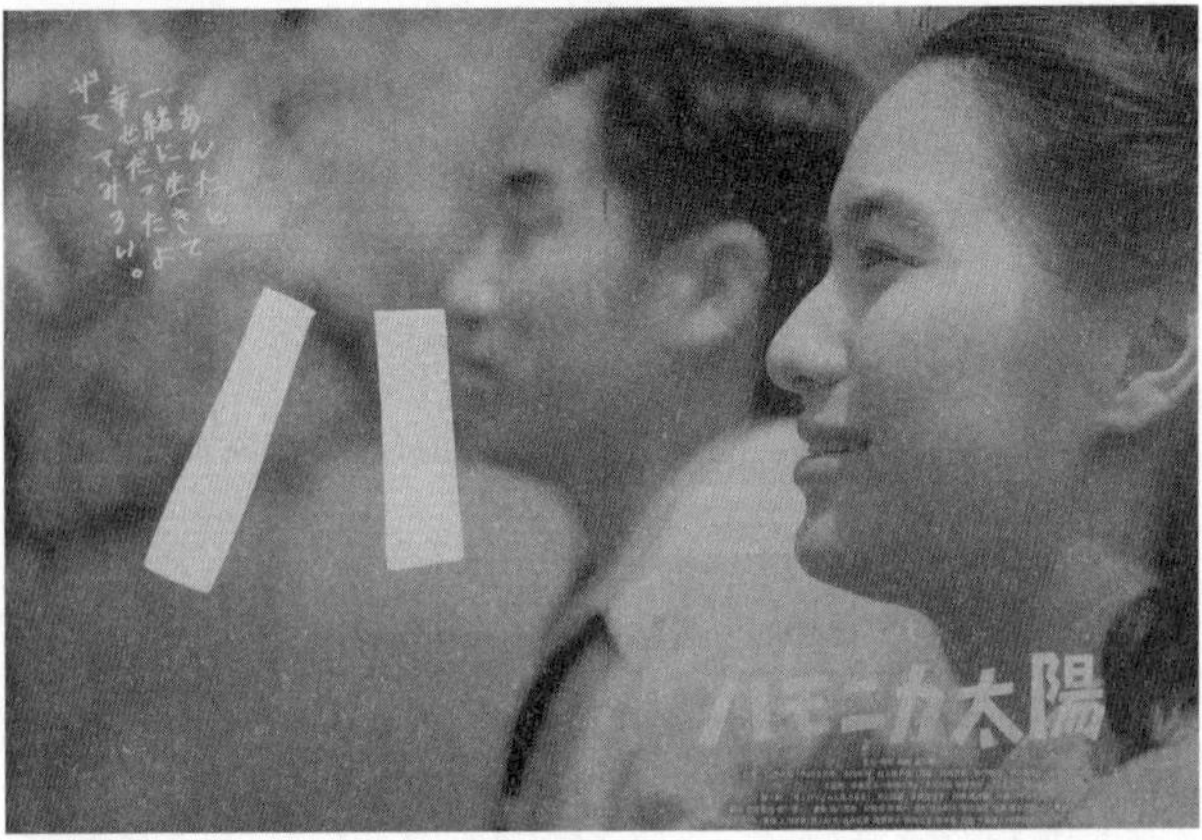

西蒲映画のパンフレットを区役所で発見。でも、残念ながら区内での存在感は薄く、区民にも知らない人は多い

若い力をフル活用したにしかんプロジェクト

西蒲区の魅力を再発見できるのか？

西蒲映画に見られるように西蒲区の感性は新潟市のなかでは、かなり先進的だと思う。というのも、現在西蒲区で進められている「にしかんプロジェクト」も、若者の視点がふんだんに取り入れられ、単なるド田舎タウンをまったく新しい切り口で変えようとしているからだ。

さて、「にしかんプロジェクト」って何のこっちゃと思っている方も多いだろうから、ここで少し概要について触れていきたい。まず、「にしかんプロジェクト」は、NPO法人いわむろやが発起人となり、北区出身者が代表を務めるアイディアパートナーズという団体とタッグを組んで、地域のブランド確立やコミュニティデザインを進めていこうというもの。で、このアイディアパートナーズが何をやっているかというと、おもに、地域の課題を解決していくためにアドバイスをしたり、地域のコミュニティデザインを手掛けたりしている。要するにまちづくりのコンサルタントのようなものだ（本人たちはコンサルタントと呼ばれたくないらしい）。

個人的には、こういうオシャレなコンサルタント系はあまり好きではないのだが、西蒲区のように少子高齢化が著しい地域において、若者のアイデアは貴重なもの。ほとんどの若者は上京してしまうし、残っているのはマイルドヤンキーばかり（って聞いた）。まちづくりに興味のある若者がほとんどいないなかで、外部からの刺激は新たな視点を発見することにもつながる。西蒲区のようなド田舎にこそ、新しい風を吹かせることが肝心なのだ。

じゃあ「にしかんプロジェクト」では、具体的にどんなことをやっているかといえば、いわゆる地域ブランディング。区民は「ブランドになりそうなものなんてどこにあるのよ！」と思うだろう。だが、それこそ地元に長く住んでしまっているがゆえの落とし穴でもある。地元で生まれ育っていると、当たり前すぎて、地域の魅力に気づけないからだ。その意味でも、寂れゆく地方においてヨソ者や若者の視点で街を発掘する作業が大事なのである。

地域ブランディングの成否はまだまだ先の話

「にしかんプロジェクト」が、真っ先に取り組んだのが「ローカルマニフェスト」。このプロジェクトの根幹を支える理念のようなものだ。項目は10個あるのだが、「豊かな自然環境こそ全て」「現状維持の農業では次の世代に残らない」など、わりと的確に西蒲区を捉えたものになっている。理念というと、どうもしゃらくさいように感じる（？）のだが、最近になって、その必要性を感じている。たとえば、行政の場合、首長の理念がブレているとまちづくり全体が右往左往することがある。その典型例が、新潟市じゃないか。芸術やらに手を出しすぎて、市の基金を散財してしまったし、新交通システムでも根気強くLRTを進めていれば、市民から反感を買うこともなかった。確固たる理念なくして、明確なビジョンを描くことはできないのだ。その点、田中角栄は良くも悪くも理念やビジョンがしっかりと確立されていた（政治力も強大だった）。

ちょっと話はそれたが、とにかく「にしかんプロジェクト」は、こうした骨子が確立されており、それをもとに事業を進めた。そのひとつが西蒲区をアピールするウェブサイト「にしかんずかん」であろう。このトップページで取り上げられているのは、徹底して西蒲区の田舎の風景。そしてエリアごとに特徴的な店舗や旅館をピックアップして紹介したりしている。まあ、そんなに目新しい仕掛けはないが、そのほうが使いやすいし、何にもない西蒲区らしさはよく出ている。店舗記事も人に焦点を絞った濃い内容に仕上がっており、なかなか読み応えもある。こうしたサイトでのPRは地道だが、あるとないとでは、発信力に大きな差が生じる。やっぱりコンサルタントはあんまり好きにはなれないけれど、「にしかんプロジェクト」はけっこうしたたかな戦略だとは思う。

ただ、惜しむらくは2020年2月までの契約だったようで、肝心のウェブの更新頻度が低い点。「継続は力なり」とはよく言ったもので、今後はいかにしてその効果を続けていけるかが西浦区活性化のカギを握ってくるだろう。

中心市街地であるはずの巻駅。駅舎もオンボロなら周辺にも何にもない。何かを変えなければならないのは誰もが痛感しているはず

岩室温泉は「にしかんプロジェクト」を主導。コンサルタントから受け継いだノウハウを、うまく運営できるかがポイント

新潟市コラム 6

ホワイトハウスの真の恐怖

今や本書シリーズで恒例となりつつある心霊スポット巡り。「どんとこい超常現象」を地で行く筆者にとって、心霊スポットなんてお茶の子さいさい、屁のカッパである。

というわけで、新潟市の有名心霊スポット「ホワイトハウス」に行ってみることにした。角田浜周辺にあるという情報だけを得ていたが、ホワイトハウスは廃墟型心霊スポットなので住所がない。筆者は西蒲区の取材終わりに角田浜へと向かうことにしたのだが、11月のことだったので、岩室温泉を出発したときには、すでに陽が傾きかけていた。これはまずいと額には冷や汗が走る。心霊スポットが怖いわけじゃない。暗くなって写真が撮れなくなることが怖かったのだ（強がりじゃないからね！）。

この地方取材はいつも弾丸で、スケジュールはパンパン。しかも、翌日の取材

予定地は北区である。心霊スポットに行くためだけに、横断するとなると、かなりのタイムロスになる。というわけで、何とか陽が落ちる前にホワイトハウスに到着せねばならなかった。

だが、やはり角田浜についたところで、どこにあるのかさっぱりわからない。案内看板が立ててあるわけでもないし、誰かに聞こうにも周囲にひと気はない。筆者はぐるぐると角田浜を歩き回りながら、どんどん傾いていく太陽との時間勝負を強いられた。そして15分ほど経ったとき、ようやく一人の男性が海からあがってきた。もはや残された時間は10分もないだろう。有無を言わさず話かけてみると、何のこっちゃない。なんと目の前にあったのだ。

で、さっそく行ってみたが、まあ筆者にとってはどうってことはない普通の廃墟である。地元ヤンキーが度胸試しによく使っている（西区民談）そうだが、これなら筆者も余裕でクリアできそうである。現に廃墟の中を散策したが、壁一面に落書きがあるだけで、ゾクゾクすることもなかった。

だが、散策を終えて、よく辺りを見回したところで、背筋が凍った。ホワイトハウスの真ん前に小屋があるではないか。最近まで誰かがいた痕跡もある。しかし、ホワイトハウスの先は切り立った崖で、道はトンネルの1本だけ。車で入ることもできない。ましてやホワイトハウスは管理されている様子もなく、管理人でもなさそうだ。

では、この小屋はいったいどんな人が所有しているのだろうか。そんなことを考えると、どうにもこうにも恐ろしくなってきた。市内最恐の心霊スポットの真ん前で生活をしている人がいるかもしれないという事実。自分が心霊スポットに強いなんて言ってごめんなさい。

第7章
バランス良しで伸びしろがある江南区

JR江南駅ができたら江南区はどう変わる?

「地図にない湖」と呼ばれた亀田エリア

江南区は、区域のちょうど中心部にある亀田をベースに新潟市のベッドタウンとして発展してきた。それもそのはず、区内には駅が亀田駅しかなく、そこから同心円状に市街地が広がっている。また、単なるベッドタウンではなく、亀田製菓をはじめとする食料品加工工業も盛んで、巨大工業団地やスーパーも揃っていて区内で生活を完結できる。旧新潟市域外では、もっとも発展しているエリアでもある。

戦前の江南区は亀田郷と呼ばれ、一面泥田が広がる農村地帯だった。今でこそ泥田という言葉になじみが薄いかもしれないが、一歩足を踏み入れると胸までつかるような泥だらけの田んぼである。それだけ亀田郷は水はけが悪い土地だった。かつては「地図にない湖」とさえ呼ばれたそうだ。そのため、住宅地はおろか、農業以外の産業が育つはずもなかった。

そんな亀田郷に転機が訪れたのは１９４８年。栗ノ木排水機場ができたことによって、エリア内の排水機能が一気に向上した。田んぼは今のような乾田化が進み、にわかに土地が改良されていった。１９６０年代に入って、新潟港に臨海工業地帯が造成された頃、亀田郷では排水事業による土地区画整理事業が完成していた。こうして農地の多くが市街化区域に転用され、住宅地開発が急速に進展。人口は20年間で2倍にまで膨れ上がった。この頃、地域を代表する亀田製菓も売り上げを伸ばし、順調に拡張を続けていた。こうして泥田ばかりだった亀田郷は、その姿を大きく変え、住農工が混在する今のような市街地を形成していった。

江南区内をぐるっと回ってみると、今もその名残りを感じることができる。立派な駅舎から伸びる幹線道路沿いには全国チェーンの飲食店や商業施設が立ち並んでいる。しかし、江南区役所を南に抜けたあたりから風景が一変。袋津から東側は、まさに昔の亀田郷を思わせるような田園風景が広がっている。区の西側には工業団地、亀田駅周辺は住商が集中する市街地、それ以外は農業地帯と、わりとバランスのいい住み分けができている。

周辺住民が待ち望んでいた江南駅がついに実現か!?

地方都市の区としては今のままでも十分ではあるが、江南区はさらなる発展を狙っているようだ。それが江南駅（仮称）の新設計画である。亀田駅の次の駅は、秋葉区にある荻川駅だが、亀田の市街地は国道49号まで広がっており、その周辺住民はどちらの駅へ向かうにも不便を強いられている。そのため、これまでも新駅設置に対する要望が、何度も挙げられていたのだ。

駅の計画地になっているのは、国道49号と県道5号、信越本線がクロスする城所周辺。実際に現地に赴いてみると、そこは完全な農村地帯で、開発の余地が残されまくっている。2020年6月には江南駅周辺土地区画整理組合設立準備委員会も結成。これから具体的な用地買収などについても協議されるのだろう。現在はまだ構想段階なので、実現の成否も含めて、まだまだ不透明な部分が多いが、検討されているものを挙げると、駅前広場やパーク&ライド駐車場、都市計画道路等の公共施設整備が柱になるようだ。なかでも、新潟市から伸びる環状道路ともぶつかるエリアでもあるため、パーク&ライド駐車場の利便性が高まれば、意外と市民からも支持を得らえるかもしれない。

新駅だって万能じゃないぞ!

未来を見据えれば、効果的な投資になるのは確かだろう。では、既存の住民にとってのメリットはどこにあるだろうか。区が挙げているポイントは4つ。「新駅周辺における交通利便性の向上」「公共交通への利用転換による環境改善と持続可能な公共交通の実現」「交通結節点としての機能強化と交流人口の拡大、周辺地区開発の誘発」「拠点開発等に伴う地域活性化」「既存交通ストックの活用による各種コストの削減」である。まあ、難しい言葉を使って説明してはいるが、要するに交通アクセス向上によって、新たな街を作ってしまおうと

江南駅設置後の開発検討案

高齢者福祉施設	教育施設
子育て支援施設	居住・業務機能
医療施設	公共用地
農業関連施設	

※江南区公表資料より

いうことらしい。江南区まちづくり協議会が公表している資料には、何かと「拠点開発」というフレーズが目につく。そこから垣間見えるのは、新たな市街地の形成だ。

詳しくは後述するが、亀田は若いファミリー層が多く住んでおり、高度経済成長期から続くベッドタウンとしての役割を今も担っている。西区が単身者の楽園だとすれば、江南区はファミリータウンである。ちょうど中央区との境にあるイオン新潟南は、新潟市内で最強クラスの集客力を誇っており、近年は子育て支援サービスの増強などによって、さらにベッドタウンとしての需要が高まっているのだ。そのため、この勢いに乗って、新たな市街地を形成できれば、より一層の発展を狙えるっていう寸法である。

だが、問題点は何をもって拠点開発とするかである。新駅設置の効果を最大限に引き出すキーワードとして「儲かる農業」だったり「医療体制の充実」だったり、「新たな工業用地での雇用創出」なども掲げられている。もはや何でもござれである。

とはいえ、新駅だってそこまで万能ではなかろう。工業に農業に医療に住宅地に……なんて欲張りすぎである。夢を見るのは構わないが、きちんと的を射るようなまちづくりを目指さないと、結局あれもこれも欲張りすぎて何もかもうまくいかないなんて事態にもなりかねない。

江南区は、これまで土地改良と高度経済成長の両輪に支えられて発展してきた。つまり、自発的なまちづくりにはあまり慣れていないのだ。しかし、近年の地方都市は、住宅地や工業用地をそろえ、交通の利便性を向上するだけで人が集まるような単純な社会ではない。昭和期のようなハコモノとインフラに特化したまちづくりは、地方では通用しないと考えたほうがいい。ましてや、古町や万代でもマンション開発が進んでおり、亀田にどれだけの需要が見込めるのかはわからない。

工業団地においても同じことがいえる。筆者は、いくら用地があっても企業誘致がいっこうに進まず、塩漬けになってしまっている工業団地を全国各地で見てきた。その閑散っぷりときたら、涙なくしては見ていられないほどで、整えられた盛り土だけが残されていたりもする。

また「儲かる農業」っていうのは、もはや抽象的すぎてまったく想像がつかないが、たとえば農業の6次産業化のことであろうか。そもそも農地をつぶして駅にするのだから、正直言って何をもって農業をキーワードにしたのかさっぱりわからない。

個人的には、シンプルに子育てしやすい環境づくりに特化してもいいんじゃないかと思う。周囲は田園地帯が広がっているわけで、新潟環状道路以外は交通量も少なく、治安も極めていい。まちづくりの基本は「選択と集中」。その意味で、大風呂敷を広げすぎている現状の構想案では不安が残る。何を拠点とするかは今後の検討次第だろうが、都合のいい夢はあきらめて、早いうちに現実的な構想とテーマをはっきり打ち出すことをオススメする。

江南区は、住民からの要望も強かった新駅設置に躍起になっている。ただ、上所でも新駅の話があり、後回しにされる可能性も

新駅が建設される予定地周辺は、ご覧の通り田んぼばかり。用地買収がうまく進めば新たな市街地を造るのは容易である

安月給が多い新潟市で高給取りがいる江南区

「魅力的な仕事がなくて給料が安い」は本当？

居酒屋で出会ったおじさんから、新潟市についていろいろ教えてもらったが、とにかくまあ自虐的。やれ人がいないとか、やれ行政が悪いとか、往年の野村克也以上のボヤキを耳にした。そのなかで、「新潟には魅力的な仕事がないし、給料が安い」という話も飛び交った。ただ、こういった話は地方都市ではよく聞く話だし、地元民が誤解している可能性もある。

そこで、都道府県別ではあるが、新潟県の賃金を調べてみると、289・3万円で全国31位（2019年）。全国平均が338万円だから、その差は約50万円もあり、市民の実感どおりの結果に。トップはもちろん東京で403・1

万円。新潟県と比べると、約120万円も開いている。これだけの差があるのだから、東京に上京したくなるのも当たり前だ。

じゃあ、新潟市内では、どんな職業がもっとも儲かるのだろうか。新潟市が発表している『新潟市の産業2020』では、各産業別の賃金（2019年）を発表している。全産業での平均は295・6万円で、各産業別に見ると、けっこう格差がスゴい。断トツは「鉱業、採石業、砂利採取業」で458・6万円で平均よりもかなり高い。一方で最低は「宿泊業、飲食サービス業」の186・8万円。その差は270万円以上にもなる。ちなみに、ブービーは「サービス業（252・1万円）」である。

で、おそらくこれが冒頭のおじさんが言っていた「給料が安い」という実感に繋がっていると推測できる。というのも、新潟市内の産業構造を見ると、第一次産業が0・6パーセント、第二次産業が20・0パーセント、第三次産業が79・5パーセントと、第三次産業が約8割を占めている。そのうち、サービス関連業は22・9パーセントにも及んでおり、市民の多くが従事している。つまり、賃金の安い仕事に従事している人がそれだけ多いっていうワケだ。賃金が断トツで高いのも「鉱業、採石業、砂利採取業」と、お世辞にも若者人気が高い職種とはいえない。これが「新潟には魅力的な仕事がないし、給料が安い」といわれる理由ではないだろうか。

盤石な基盤を築く江南区の製造業

さて、そんななかで、新潟市民が憧れる（？）会社が、亀田製菓だ。亀田製菓は、２０１０年から２０２０年に至るまで、業績が上がり続けている超優良企業。従業員数は３３７９名（２０２０年3月31日現在）で、米菓シェアでナンバーワンをひた走る業界のリーディングカンパニーである。亀田製菓の有価証券報告書によると、社員の平均給与額は、勤続年数約20年で５３８万円。全国民間企業の平均年収は４４１万円なので、「給料が安い」と呼ばれる新潟市内ではかなり高い。初任給も大卒で21万１５００円。ぶっちゃけ筆者が東京で最初に就職した編集プロダクションが15万円だったから、ちょっとうらやましいぐらいの給料だ。他にも亀田製菓の系列会社は区内に3つもあり、区民の雇用の場を創出している。亀田製菓がけん引するかたちで、区内の製造業は食料品関連会社がもっとも多く、その出荷額は他区と比べても群を抜いている。

それに次いで多いのが、「出版・印刷・同関連産業」。亀田製菓の印象が強すぎるせいか、けっこう意外だったが、そういえば江南区にはあけぼの印刷団地がある。この印刷団地の何がスゴイって、国や省庁から受注できる官公需適格組合証明なるものを取得。つまり、官公庁の印刷物を優先的に受注できるので、経営が安定しやすいのだ。これまた安定しない職業（フリーライター）の筆者にとってはうらやましいかぎりである。

それだけに江南区の製造業企業に就職すると、安定した暮らしが営める（のかもしれない）。コロナ禍という不測の事態が発生したものの、サービス業に比べれば製造業のダメージはまだマシなほう。仕事内容が魅力的かどうかは個人差があるものの、少なくとも江南区の製造業大手が盤石なのはまちがいない。

江南区の道路は整備が行き届いて走りやすい。工業団地に向かう車が多いため、道路は区内の産業を支える重要なインフラ

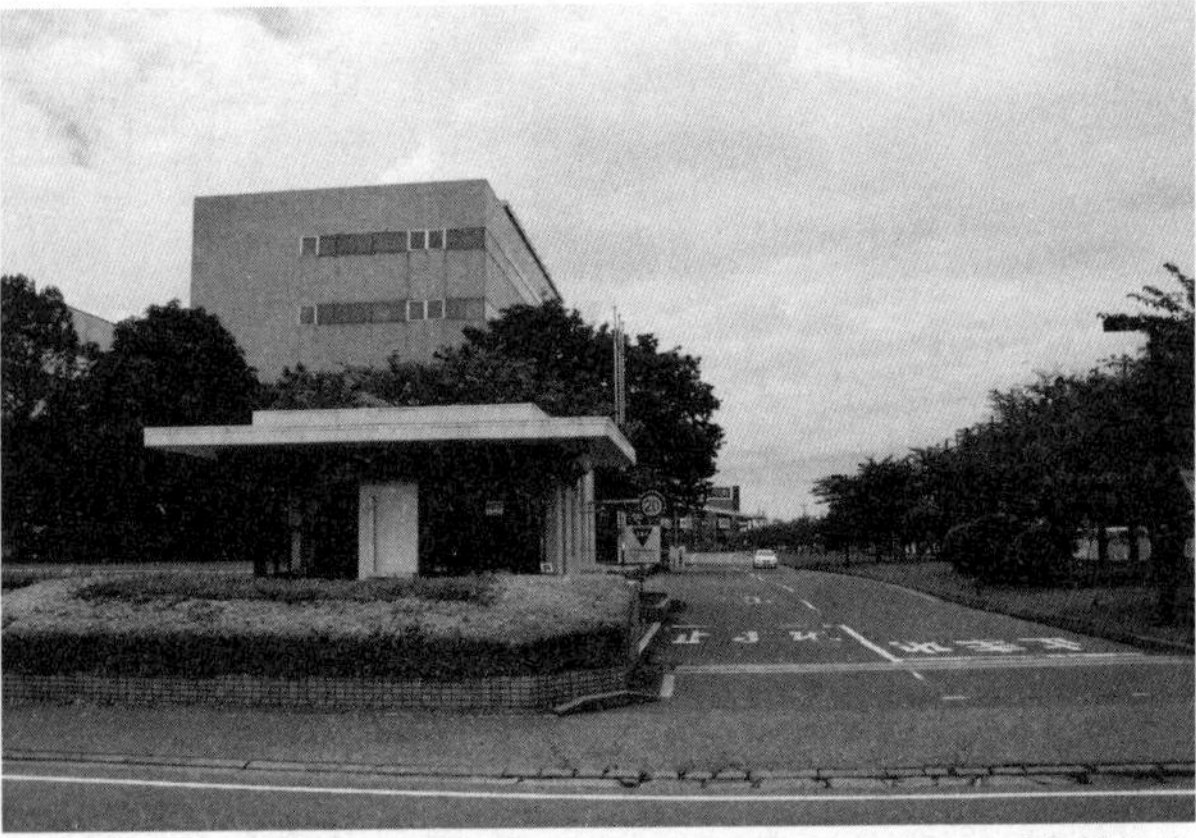

亀田製菓は江南区をリードする大企業。世界中にグループ会社をもち、その業績は、ここ10年ほとんど落ちることはなかった

なぜ亀田には子育て世代が集まるのか

でも街で子供を見かけないぞ！

少子高齢化にあえぐ新潟市にあって、江南区は15歳以下の年少人口割合が市内トップ。つまり、子育てファミリーがもっとも多い区である。そんな前評判を聞いていたので、亀田周辺には子供があふれているのかと想像していた。そこで、筆者はまずアピタを訪れてみたのだが、あまり子供の姿を見かけなかった。もしかしたら、あくまで評判だけで実態はちがうのかと思っていたが、どうも新潟女性特有の事情があるらしい。東区在住の30代女性の話によれば、「新潟の子育て世代は共働きが普通ですし、専業主婦が少ないので、朝の時間帯を過ぎると、みんな子供を保育園や幼稚園に預けて、仕事に出ちゃってることが多いんじゃないかと思いますよ。土日になると、イオン新潟南とかは子供でいっぱいになりますよ」と話していた。ちなみに、その女性によれば、「亀田周辺の評判はいい」とも教えてくれた。

だが、いったいなぜ子育て世代は亀田を選ぶのか。まず、真っ先に挙げられるのが家賃相場だ。子育て世代は、まだ持ち家を買えない世帯も少なくなく、賃貸マンションでつつましやかに暮らして、熱心にお金を貯めるというのが相場である。そんな夫婦にとって、家賃をいかに安くするかは、一番の課題になる。だが、子供ができるとある程度広い家に住まなくてはならない。できれば2LDK以上は欲しいところだ。だが、新潟駅前のマンション相場は2LDKでも、平均13・47万円。一方、亀田駅周辺は平均5・49万円（いずれもホームズ調べ）。この価格差は、念願のマイホーム資金を貯めたい若いファミリー層にとってはかなり魅力的だ。

また、亀田を選ぶファミリーのなかには、新潟駅周辺で勤めている人も多い。そのため、信越本線で新潟駅までわずか9分という交通アクセスのよさも大きなメリットになっている。試しに亀田駅前の駐輪場に行くと、そこには大量の自転車が駐輪してあった。よく見てみると、チャイルドシートを搭載した自転車も少なくない。前出の女性が話したように、亀田の若いママさんたちも電車を利用して仕事に出かけているのかもしれない。

バランスのいい住環境こそが最大の魅力

亀田の生活が長くなると、若い世代はそのまま亀田に定住するようになるという。「もともと亀田は、県内の他市から来た単身者も多いんだけど、そのまま結婚して定住するケースも多い」と話してくれたのは、某不動産業者。亀田に長く住んでいると、その住環境になじんでしまうという。

もちろん新潟駅への交通アクセスのよさもあるだろうし、充実した商業施設もウリだ。区内の住宅地が、亀田駅から江南区役所にギュッと密集しているので、新潟市内では比較的コンパクトシティと呼べる街のつくりになっている（意図したものではないけどね）。車があったほうが、便利にこしたことはないが、なくても生活できる環境は魅力的である。

だが、亀田の暮らしやすさはまた別のところにあるという。亀田に暮らす40代男性は「亀田は便利すぎず、不便すぎないところがいい。めちゃめちゃ発展した都会ではないけれど、生活をするには必要な施設は揃っている。かといって、ド田舎というわけじゃないんだけど、あちこちに田んぼがあるし、のどかさもある。だから、都会から来た人も、田舎っぽさを求める人も住みやすいんじゃないかな」と、その魅力を熱弁してくれた。

筆者は亀田に暮らしたわけではないが、生活をするのに便利な施設が充実しているのは、街を巡ってみただけでもわかる。めくるめく大自然も実際に体感した。要するに、亀田はすべてにおいてバランスがいいのだ。

今後、もっと亀田が発展していくためには、このバランスのよさに加えて、区独自の子育て支援サービスの拡充などを図っていくことがポイントになりそうだ。子育てしやすい街というのは、それだけでアピールポイントになる。うまくアピールするためには、より具体的で、ダイレクトにファミリー世代を惹きつけるだろう。亀田は不用意な開発をせずとも、市内随一の「子育てタウン」を目指していけば、それだけで発展するポテンシャルを秘めている。

昼時の駐輪場にはビッシリと自転車が並ぶ。万代や古町に勤務する人たちが利用しているのだろう

アピタは亀田民にとっての重要な生活拠点。なかでは数少ない専業主婦と思われる女性たちが何やら井戸端会議を開いていた

新潟市コラム 7

袋津の迷路を使った街おこし

江南区に袋津という地区がある。亀田郷の湿地を埋め立てて成立した集落で、500年以上の歴史をもつ区内最古級のエリアである。周囲に砂崩や砂山、砂岡という地名が残されているのは埋め立ての名残りである。城下町でもないかぎり、埋め立て地の区画割りはグチャグチャになることが多い。道から街をつくるという概念がないので、あちこちに家が建ち、細い路地が入り組んだ街になりがちだ。

袋津はその典型例というか、ほかの埋め立て地よりもグチャグチャ感がハンパじゃない。人一人通れるかどうかという細い路地さえあり、交差点なんていう考え方もないから、方向感覚がおかしくなるような道なのだ。筆者はガッツリ迷って30分もタイムロスしてしまった。郵便配達のお兄さんが道筋を間違えることなくスイスイと走り回っているのを見て、「プロだなぁ」とつくづく感心

した次第である。
　さて、そんなグチャグチャ道路を活用して、袋津は「迷路のまち」をアピールポイントにしている。ときどき地元有志による街歩きイベントを開催しており、3時間ほどみっちり迷路をめぐるそうだ。これが意外に好評らしく、地元民によれば、「ああ、けっこう人が来てるねぇ」という。昭和期に巨大迷路を体験したことのある人からしてみれば、当時のワクワク感を思い起こさせるイベントなのかもしれない。全国でほかに「迷路のまち」を名乗っているのが香川県の小豆島くらいだから、オリジナリティも強い。ニッチではあるが、細く長い人気を維持できるかもしれない。
　今はまだ地元によるアピールだけにとどま

っているが、もっと知名度をあげるためには、動画サイトなどを活用して紹介するのもアリだろう。有名ユーチューバーの目に留まれば、知名度は確実にアップするはずだ。

ただ、いくら古い街並みが残っているとはいっても、周囲は完全なる住宅街。店もなければ、自販機すら見かけない。一度迷い込んだら、なかなか抜けられないとあって、筆者の経験上、街を訪れるにはある程度の装備（水分）が必要だ。それに大勢が訪れたら街自体が混乱しそうだし、今のまま隠れた人気をキープしてもいいような気もする。

仮に、近い将来、住民が少なくなって空き家が増えたなら、それこそ街全体を使って、テーマ型観光に取り組めばいい。今は無理に街おこしをするよりも成り行きを見守るだけでもいいのかもね。

第8章
にぎわいをつくりたい
秋葉区と南区

薬科大学にかける新津のまちづくりとは!?

古町に負けないにぎわいを誇った新津

秋葉区は、旧新津市と旧小須戸町とが合併して誕生した区で、区域内の大部分を旧新津市が占めている。旧新津市は合併に難色を示した自治体のひとつで、独立路線を模索した時期もあった。現在の新潟市のなかでも、「新津」という旧地名へのプライドがことさらに強い。この地名は、鎌倉時代から続いており、その頃から「燃える水」が産出することが記されている。秋葉区民ならご存知の通り、かつて日本一の産出量を誇った新津油田のことである。そのため、新津は別名「石油のまち」としても知られる。

また、明治時代に新潟県内で初の鉄道路線である北越本線（現ＪＲ信越線）

が開業。その前年から新津では大規模な工事が始まり、多くの関係者が集まったことで、大いににぎわった。当時の新聞には「新津町は繁盛し、金回りがよく活況を呈した」と記されているように、新潟県内でも屈指のにぎわいだったそうだ。さらに、新津には鉄道会社の15に及ぶ管理部門が設置された。市民の4人に1人が旧国鉄関連の仕事に就いていたため、「鉄道のまち」としても知られている。昭和に入ると、信越線、羽越線、磐越線の3本が交差するようになり、交通の要衝として発展。中国などへの輸送基地となった新潟港の発展を背景に、輸送力増強のため、鉄道車両工場も誘致されることとなり、さらに人口爆発が起きた。戦後に至っては、GHQによる指導のもと、北海道の石炭を新潟経由で関東に輸送するルートがとられ、新津駅が拠点となった。明治から戦後に至るまでの新津は、石油と鉄道という産業に支えられ、現在の中央区にも負けない街を築いていた。

そんな新津だったが、石油の産出がなくなり、上越新幹線の開業によって交通の要衝としての役割も低下してしまうと、2つのアイデンティティを一気に失い、急激に勢いを落としていった。平成年代の新津は、まさに転落の一途。

街に人がいなくなり、駅前商店街はシャッター街化していった。衰退する地方都市の典型例ともなっていたのである。

大学は新津の新たな顔になれるか⁉

そのなかで、新津市活性化の切り札として期待されたのが、新潟薬科大学だ。そのキャンパスはもともと旧新潟市にあったが、2002年に旧新津市に同大の応用生命科学部が開設されたのを皮切りに、2006年には新津キャンパスに完全移転。その翌年には産官学連携センターも設置され、新津は「薬科大学のまち」を目指したまちづくりを行っていた。

近年では2016年に新津駅東キャンパスが新設されたが、その際には失われて久しい街のにぎわいを再生しようと、大学と連携した取り組みが実施された。この新キャンパスに通う学生向けに「学生ランチMAP」を作成。近隣の商店街でランチをしてもらうために、学生が利用できる100円引の割引券などが提供されている。

かつて篠田前新潟市長が「新潟で一番大学との連携が強いのが、秋葉区と新潟薬科大学だ」と話していたように、行政と大学はガッツリとタッグを組んでいる。たとえば、薬科大学では「キャリア形成実践演習」という科目を実施したり、地域住民を対象とした「健康・自立セミナー」を開催したりもしている。さらに、先述したように、学生に新津駅商店街でランチを取ってもらうために、新キャンパスにはあえて学食がない。これだけ地元に協力的な大学もめずらしい。薬科大学は、まさに新津の希望の星なのだ。

だが、筆者が訪れた際、新キャンパスはおろか、駅前にも学生らしき若者の姿を見かけることはなかった。おそらくコロナ禍の影響で、遠隔授業が導入されたことも大きかったのだろう。ランチタイムの真っただ中だったが、人通りはまばらで、むしろ開いている飲食店も数える程度だった。

そもそも新キャンパスは、本キャンパスに比べると、かなり規模が小さい。ひとつの学部だけなので、それほど多くの学生が通っているわけではない。また、本キャンパスの最寄り駅は古津駅なので、新津駅に恩恵は少なく、バス利用はしてもまちなかを利用する学生は、それほど多くない。しかも、本キャンパスは古津駅からかなり離れている。そのため、本キャンパスには学生専用の駐車場がガッツリ整備されていたりもする。せっかくキャンパスがあっても、学生たちが中心市街地をスルーしてしまうのだ。

薬科大学を中心としたまちづくりは、悪くないことだし、大学との連携力を高めることはプラスに働くだろう。ただ、「石油」や「鉄道」といった過去の地域アイデンティティに迫るような勢いがないのも確かだ。

学生の回遊性を高めるためには、もう少し駅前商店街にも工夫が必要な気がする。個人的にはランチの100円割引券はありがたいとは思うが、もっと学生がタダで集まれるコミュニティスペースなどが駅前にあれば、学生が駅前にとどまる機会を増やせるような気がする。学生というのは、とかく学食で暇をつぶす生き物なのだが、キャンパス内に学食がないので、友人と暇をつぶす施設が不足しているのだ。そこで、学食に代わるスペースを駅前周辺に作ってしまえばいい。そこに、若者が好きそうな気が利いた軽食などが楽しめるようになれば、にぎわい創出にも繋がるんじゃないだろうか。

新津駅東口にできた新潟薬科大学の新キャンパス。規模は小さく、どこまでにぎわい創出になるかは今後の施策次第か

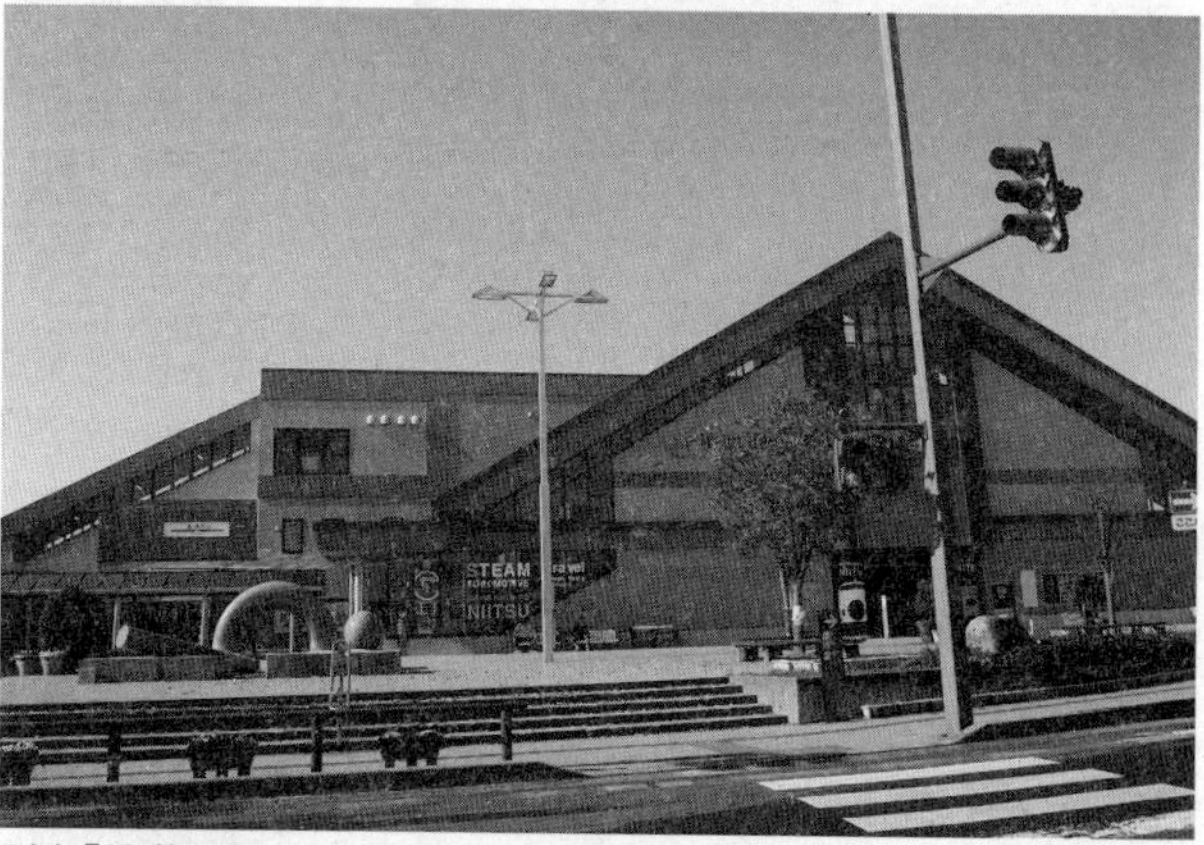

別名「鉄道のまち」とも呼ばれる新津駅の駅舎は個性的で立派。駅前広場にくつろげるスペースがないのが残念なところ

秋葉区と南区に広がるシャッター商店街の復活はあるか

白根はロードサイド商店街でも全然OK！

秋葉区と南区にはそれぞれ新津と白根という中心市街地があるが、いずれも人の流れがなく、衰退が著しい。新津の「にいつ鉄道商店街」は、昭和期のにぎわいを知る人がその寂れっぷりを目の当たりにしたら、切なさで胸がいっぱいになるにちがいない。白根に至っては、全国チェーンの店舗が建ち並ぶロードサイドに、個人商店はほとんど駆逐されてしまった。もはや商店街と呼べるような区画さえ見当たらず、ちょっとした飲食店が散在しているだけだ。まあ、白根の場合は鉄道空白地帯なので、ロードサイドが発展するのは自明の理ではある。そのため、南区は他区と比べてもモータリゼーション化が著しい。というか、車しか交通手段がないといっても過言ではない。いちおうバスはあるが、生活するのにも車が必要だから、その需要もそれほど高くはない。商店街そのものの必要性がないのだ。

南区は、とくに商業を売りにしたまちづくりを進めてきたわけではない。昔から農業が盛んな地域だったので、商業は二の次だった。ロードサイド店舗を目の敵にする専門家などもいるが、地方都市の実状を考えれば、チェーン店舗があるだけでもいい。「個性が感じられない」と揶揄する意見に対しては、その街のことを深く知らないヤツの自分勝手な物言いにしかすぎないと、筆者は考えている。

白根の商店街が衰退しているのはまぎれもない事実ではあるが、だからといって、街そのものが衰退しているわけではないのだ。むしろ、自慢の農業だったり、仏壇製造は堅調をキープしているのだから、それだって個性である。それにしても事前に仏壇が有名だと聞いていたが、まさかあんなにデカデカとした店構えをしているとは思わなかった。そう考えれば、白根の個性はガンガン主張されているではないか。まあ、シャッターが閉まったままの店舗については、活用法を考える必要があるだろうが。

鉄道マニアにとっては一大聖地

問題は、まだ何とか踏ん張っている新津の「にいつ鉄道商店街」である。筆者は東口に車を置いて、商店街の方へと足を伸ばした。その第一印象を率直に語らせてもらうと「うわあ、何もねえ」である。そもそもちょうど昼時に訪れたので、ちょっとメシでも食おうと思っていたのだが、目抜き通りで目についたのは魚民だけ。何も魚民が悪いわけじゃないが、やっぱり新津まで来てチェーン店っていうのは何とも味気ない。仕方なく、筆者はもう少し商店街をブラブラすることにした。関係ない話だが、見知らぬ街を歩くとき、筆者はスマホで事前に検索するような無粋な真似はしない。行き当たりばったりの一期一会にこそ街歩きの感動があると思っているからだ。

で、ようやく外観に味のあるラーメン屋を発見したのだが、まさかの定休日。いやあ、今でも気になるなぁ……チキンカレーラーメン。あとで調べてみても

駅から伸びるにいつ鉄道商店街は閑散としており、街の顔としては残念な印象が強い。もう少し飲食店が欲しいところではある

他にはないようなラーメンや唐揚げがあるそうで、どうも新津民のソウルフード感が漂っている。カレー餃子なんか、まさにカレー好きな新潟市民におあつらえ向きなメニューじゃないか。返す返すも立ち寄れなかったのが残念でならない。

そのラーメン屋から辺りを見回すと、目に入るのはシャッターが下りたままの店舗ばかり。だが、そのシャッターにはちょっとした工夫が施されている。新津民ならご存知の通り、列車のシャッターアートがそこかしこに描かれているのだ。先述したように、新津は「鉄道のまち」を最大のアピールポイントにしており、取材当時は「鉄ぶら」なる企画も実施していた（現在は終了）。これは、商店を利用して券を集めると、抽選で鉄道グッズが当たるというイベントで、飲食店や雑貨店、温浴施設など59店舗が参加。1店で500円買い物するごとに抽選補助券が1枚もらえ、異なる3店舗の補助券3枚で1回抽選ができた。聞いているだけでは商店街のくじ引き大会と何がちがうのかと思ってしまうが、これがけっこう好評だったそうで、「あ！キハ観光案内所」のお姉さんによれば、県内外から1000人以上が訪れたそうだ。

けっこう地味なイベントなのに、それだけの人が集まったのは、新津が鉄道マニアにとっての聖地だからだ。それには鉄道車両工場の存在が大きい。同工場の公開イベントの際には、全国津々浦々から鉄道マニアが押し寄せるらしい。シャッターアートなどは、こうした鉄道マニアを喜ばせるだろうし、ニッチな需要を最大限に活用しようとする姿勢は、これからの時代を生き抜くために、大切な考え方である。「鉄道のまち」の威光はしっかりと保てている。

鉄道のまちに駄菓子ブームが到来!?

とはいえ、それだけでは日常的なにぎわいを生み出すことは難しい。何らかの手を打たなければ、やっぱり個人商店は立ち行かなくなってしまう。そんななか新津の商店街では新しい動きが胎動しつつある。それが駄菓子である。現在、商店街には2カ所の駄菓子屋があるが、これがけっこう面白い。というのも駄菓子が置いてあるだけでなく、店内で昔ながらの給食を楽しめるのだ。筆者は2カ所のうち、ひとつの店舗を訪れ、そこでなつかしの「きなこ揚げパン」を実食。学校で休みの人が出ると、必ず奪い合いになった伝説的な給食メニューである。思わず「コレコレ、この味！」となってしまった。チキンカレーラーメンに後ろ髪を引かれつつも、揚げパンで腹を満たした次第である。

昭和に代表される駄菓子や給食に対する思いには個人差があるだろうが、大人にとってはノスタルジーを感じることができるし、若者にとっては目新しさもある。そのせいか、全然人通りがなかった商店街のなかで、唯一この店だけがにぎわっており、地元住民からの評判も上々だ。こうしたレトロムーブメントを受けて、近隣のコンビニとコラボして、コンビニの店頭になつかしの駄菓子を置くという試みも行っている。鉄道と駄菓子は、昭和という意味合いでも親和性が高いし、うまく調和すれば、いいムーブメントを生み出せると思う。古い店舗も残っているし、より昭和レトロを意識した景観づくりなどを行えば、「鉄道」に新たな付加価値を見出せるのではないだろうか。今の街並みを活用しつつ、昭和レトロというテーマをまちづくりに活用できれば、地元の新たな魅力になるかもしれないと、密かに期待を寄せている。

「にいつ鉄道商店街」では、シャッター街を逆手にとって、鉄道のイラストをあしらっている。卑屈にならない心意気がイイ！

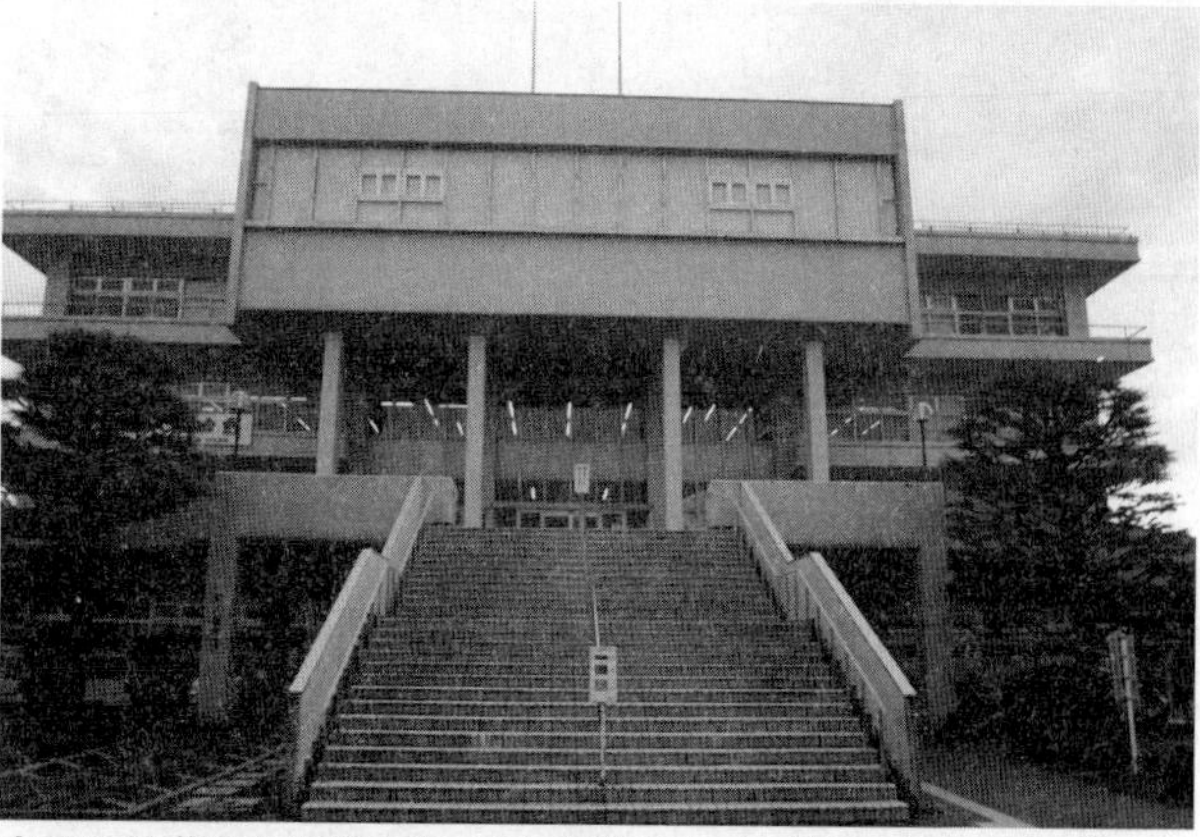

南区は鉄道空白地帯なので、商店街はすでに消滅。とはいえ、シャッターの下りた店舗を放置しているのはいかがなものか

市内屈指の農業タウン南区の地味な取り組み

市内屈指の農業産出額を誇る南区

南区には中ノ口川と信濃川が流れており、全域が農村地帯として知られている。なかでも白根地区は2005年の旧県内112市町村中で、新発田市、新潟市に次ぐ農業産出額を誇っていた。人口がもっとも少ない区でありながら、農業においては屈指の実力を誇っている。米はもちろん、日本ナシ、西洋ナシ、ブドウ、モモといった果物類に加えて、チューリップ、アザレア、ユリなどの花き類も盛んに生産されている。

南区で生産される品目のなかでも、もっとも区民が誇りにしているのが西洋ナシの高級種「ルレクチエ」である。1905年、白根出身の小池左右吉がフランスから苗木を取り寄せ、栽培を始めたのが始まりで、その後長らく開発が続けられ、今では新潟を代表する特産品のひとつとなっている。新潟県のルレクチエ栽培面積は全国第1位。しかも、約8割を占めるという圧倒的シェアを誇っている。そのうち約半分の栽培面積を南区が担っており、日本を代表する生産地となっている。いわば南区は「田園型政令指定都市」の「田園」の部分を担っている農業タウンなのだ。

日本初の公立教育ファームって何なのさ？

新潟市は大合併の際、各区の役割を定めて開発方針を決めた。当時の資料には、明確に農業の推進が記されている。要点をまとめると、優良な農地を活かして多面的な農業経営を促し、「農」における国際交流拠点をつくるというもの。こうして誕生したのが東笠巻新田にあるアグリパークだ。どうやら日本初の公立教育ファームなるものらしい。「日本初」っていう響きは、なんとなくプライドをくすぐるけれど、「教育ファーム」って言われても、何のこっちゃ実感が湧かないかもしれない。

農林水産省によると、教育ファームの定義は、「生産者（農林漁業者）の指導を受けながら、作物を育てるところから食べるところまで一貫した『本物体験』の機会を提供する取組み」のことだそうだ。農林水産省としてはこうした取り組みを小中学校に広げる意向だ。まあ、要するに農家が子供たちに教える機会を増やすというもの。アグリパークは、その機会を提供する施設というわけだ。

さらに、アグリパークは教育ファームとしてだけでなく、6次産業化支援、就農支援といった3つの役割も期待されている。そのため、体験農場だけでなく、宿泊施設、レストラン、農産物直売所、食品加工支援センターなども併設されており、隣には農業活性化研究センターも設置。アグリパーク一帯が新潟市の農業を支えるエリアとなっている。

いろいろと書いてきたが、何となく少し施設が充実した観光農園というイメージでしかない。実際に訪れると、テーマが農業だけに見た目の派手さはないし、とてつもなく地味であった。まあ、教育目的なんだから、それでもいいのかもしれないけどね。

ただ、公立ファームというだけあって、小中学校の利用数はかなり多い。述べ168校が来園し、そのうち29校は宿泊。そのため、利用者数は全体で19万8345人にも上る。直売所の売上高も1億6000万円あまりと、それなりに需要も多いようだ。

インバウンドの夢が破れた農泊事業

このアグリパークに加えて、南区では外国人向けに農泊を推進しようと目論んでいる。自慢の「ルレクチエ」を始めとした農業体験や、伝統行事である「白根大凧」などの地域特有の体験プログラムを通じて、南区に観光客を呼び込もうというのだ。

そのため、白根には築100年以上もの古民家をリニューアルして「ゲストハウスぐーぐー」を建設。ここを拠点として農業体験ツーリズムを提供している。だが、こちらのほうはアグリパークほど順調ではない。完成して、いざこれからというときにコロナ禍に見舞われ、ゲストハウスはスカスカの状況が続いている。

　ましてや南区は古くからの農村地帯だったので、観光地としての知名度はまったくといっていいほどない。日本人を呼び込むには、大々的なPRが必要だろうが、やっぱりスキーとかに比べると、ニーズがかなりニッチだ。農業には、新津の鉄道マニアのように熱狂的なファンは少ないし、ルレクチエだけでは、どうしても訴求力が弱い。それこそ食べ放題のルレクチエ狩りなんかできたらいいのだろうが、高級品種だからそうもいかない。

　農業の実力は確かなだけに、もったいない話ではある。ゲストハウスまで作ってしまったのだから、このまま眠らせておくのは、それこそムダというもの。まずはインバウンドという夢は温存しておいて、新潟県民、あるいは近隣県でのアピールを強化していくべきだろう。品質はまちがいないし、運が良ければ人気テレビ番組で紹介される日も来るかもしれない。

アグリパークの農場はかなり地味。それよりも併設されている直売所に定休があるっていうところに驚き

白根の大凧もインバウンド観光客向けに展開しようとしたが、スタートから不運に見舞われ、農泊事業はいっこうに進んでいない

新潟市コラム 8

ニコニコ動画でまちづくり？

新潟市内でも、とりわけ地味な南区。中央区民あたりに話を聞くと「ナシの街」とか「駅がない」とか、イメージがかなり漠然としている。中央区民のなかには「行ったことがない」という人もいるほど存在感が薄い。人口減少のスピードも著しく、自慢の農業も後継者不足で衰退の危機にある。南区民は衰退を目の当たりにして、かなりの危機感を覚えているようだ。

そんな南区が逆転を期して立ち上げたのが「にいがた南区創生会議」だ。これは白根の商工会などが中心となって、区民全体でまちづくりのアイデアを話し合ったり、新潟の著名人を呼んで勉強会を行おうというもの。ここまではよくある話なんだけど、南区創生会議は若者の参加を促すため、ちょっと変わった工夫をしている。　それがニコニコ動画の活用だ。

南区では、2020年度中に「南区未来ビジョン」を策定する予定だが、その

アイデアを話し合う場にニコニコ動画を利用して生放送をしたのだ。まちづくりを話し合う場に、ウェブ生放送を利用するのは新しい試みといえるだろう。そのときの模様がユーチューブにアップされていたので、筆者も鑑賞してみた。率直な感想は「まあ、そうなるだろうな」というところ。ある程度、想定できてはいたが、会議形式のセミナーのようなものであった。

だからといって、何も悪いと言っているわけではない。何より、若者たちが参加しているという点は当初の目的を果たしている。このような新たなかたちでの発信は、さらなる南区民の参加を呼び掛ける意味でも有意義ではある。

ただ、正直言って2時間も見るには、ちょっと厳しい。配信サイトでやっているわりには、エンターテインメント性が欠けているように思うのだ。真面目に会議している姿は好感がもてるものの、もっと話題性を持たせるための仕掛けがあってもいいような気がする。そうすれば、配信のメリットを最大限に活用できると思うのだ。

というのも、配信という手段を選択しているのなら、もっと区民以外にも見てもらえるようにして、広く意見を拾い上げていったほうが、新たな価値観に触れることにもなり、より議論が深まるように思う。それこそ朝まで生テレビみたいな討論会にしたっていいと思う。まだ始まって間もない企画だし、これからどんどんブラッシュアップしていけばいいんだけど、配信する以上は「誰に見られているか」を、もっと考える必要がある。次回はぜひとも、もっと突っ込んだかたちでの会議を中継してほしいところだ。

第9章
新潟市よ！　今こそ
復活へのリスタートの時だ!!

政令市以降の「失われた15年」地に落ちた行政への信頼感

今も尾を引く負の遺産

大合併を果たし、念願の政令指定都市に移行して、およそ15年。ここまでの間、新潟市では何が変わり、何が変わらなかったのか。

政令市・新潟をけん引してきたのは、4期16年を務めあげた篠田前市長である。それだけの間、信任され続けてきたのだから、一定の評価を受けていたと考えるのが一般的だが、結果的に市民からの評価は辛らつだ。前市長の古巣である新潟日報ですら、15年間を振り返り、批判的な記事を掲載している。

それもそのはず、篠田行政で行ってきた改革は、そのどれもが市民のメリットになるどころかデメリットにしかならなかったからだ。最大の失政はBRT

の開業だ。古町から青山間をつなぐ路線のニーズは低く、むしろ既存のバスダイヤ再編によって、郊外への直通運転がなくなり、不便を被った市民も少なくない。開業当初にはさまざまなトラブルに見舞われ、「失敗」のイメージはさらに強まり、行政に対する市民の信頼度は地に落ちた。

ＢＲＴ以前から、篠田行政はやることなすこと反発を生み、市民の期待を裏切り続けてきた。たとえば、市長はその権限を使って、２００７年に新潟市美術館の人事を一新したが、以降、新潟市美術館では不名誉な出来事が相次いだ。その最たる例がカビ発生事件であろう。

２００９年、「水と土の芸術祭」の会場として同美術館で展示されていた作品にカビが発生し、隣室の展示作品にも拡大。専門家から「他の作品に雑菌が付着して腐敗するおそれがある」と指摘され、混乱を生んだ。さらに、翌２０１０年には、展示室でクモや昆虫約40匹が発生しているのが確認されるなど、失態続きだった。これにより、重要文化財である仏像の貸し出しが認められず、新潟市美術館で行う予定だった展示が、県立近代美術館に急遽変更されるという憂き目にもあっている。こうした事態が起きたのは、前市長の一存で、お門違いのアートディレクターを館長に据えたことが原因だと考えられた。というのも、当時の館長は、それまで長年勤めていた学芸員をすべて異動させる強権をふるったため、館にくわしく、美術品を管理するエキスパートを失っていたのだ。そんな体たらくに、市長の鳴り物入りで開催された「水と土の美術祭」も批判のやり玉に挙げられ、市民からソッポを向かれるようになった。

八方ふさがりの現状を打破するのは明確なビジョン

篠田行政の失敗は、現在の市政にも暗い影を落としている。膨らんだ市債の返済に追われ、やることといえば予算のカットや事業の縮小ばかり。コストカットなんて、斜陽の会社にやってきた新社長がよくやる手法である。確かにコストをカットすれば、一時的に業績は改善する。しかし、長い目で見れば、投資をするチャンスを逃したために、リノベーションや抜本的な改革に乗り出す体力がなくなる。これはバブル期以降の日本がたどった「失われた20年」の道のりと似てはいないだろうか。つまり、政令市に移行してからの新潟市は「失われた15年」といってもいいだろう。

そして、何よりの問題は、市政に対する市民からの信頼感がゼロに等しいことである。今はどんな開発計画を立てようとしても、市民から厳しい視線が注がれ、必ずと言っていいほど批判が巻き起こる。もはや「税金のムダ遣い」は市民の口癖ともなっている。現市長はとんでもないマイナスからのスタートを強いられているのである。

そのため、現市長は市内各地で起きている問題に対して、積極的に動けないように映る。たとえば、上所駅の新設は、急激にファミリー世代が増える同地区にとっては交通利便性、住民の安全といった面を考慮しても、早期に結論を出すべき課題である。しかし、請願駅であるため、４００億円もの市税を投入せねばならず、現在の緊縮財政下では、はっきりと明言することができずにいる。住民に必要だと思われる施設ですらそんな有り様なので、ドーム球場なんて夢のまた夢。急遽として浮上したバスタ新潟は、ＢＲＴのマイナスイメージを彷彿とさせるせいか、計画段階から大ブーイングを受けている。新たなアクションを起こそうとしても、八方ふさがりの現状では、耐え忍ぶことしかでき

を待つだけである。

だが、人口が減り、中心市街地の衰退も著しい新潟市に変革が必要なのは火を見るより明らかだ。このまま何のアクションも起こさなければ、じっと衰退を待つだけである。

思い返せば、前市長はあれこれと夢を語るのは得意だったが、その夢に向かって、どんな道筋をたどっていけばいいのかという道標を示すことはなかった。あれこれと場当たり的に手を出し、ハコモノやインフラを作っては投げっぱなし。そうして、いつの間にか目標を見失ってしまうという悪循環であった。この負のサイクルを断ち切るためには、どんなに道が険しかろうが最短ルートを真っすぐに進む覚悟と意志、明確なビジョンが必要である。

今の新潟を覆っているのは市民の大きな失望感。行政に対する批判が多く、八方ふさがりなので大きなアクションが起こせない

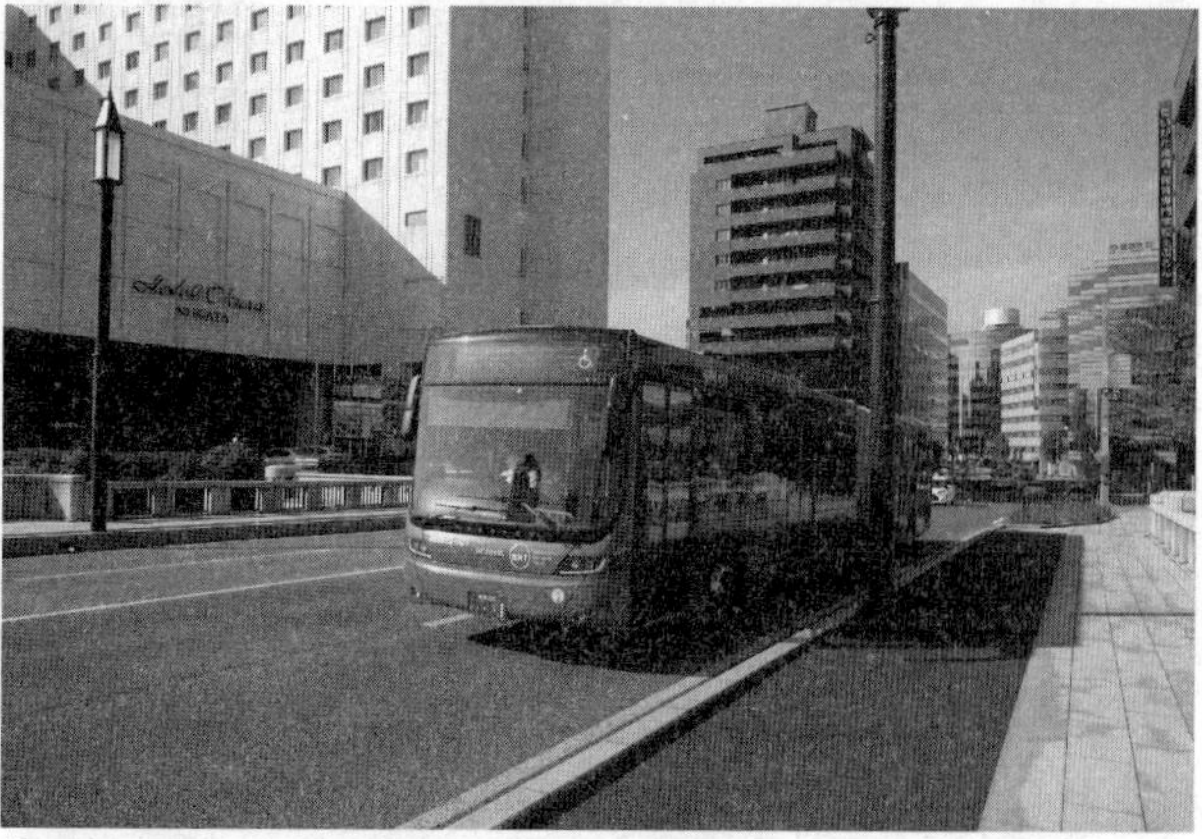

篠田行政最大の負の遺産で、無用の長物とさえ呼ばれるBRT。本当にこれ以上の活用法はないのだろうか

新潟市に興味なし！若者流出でダム都市決壊

就職先ではなく職の環境に問題アリ

かつて新潟市は「ダム都市化」を公言し、人口減少が著しい新潟県において、新潟市で人口をせき止めると息巻いていた。しかし、フタを開けてみれば、新潟市の人口は年々減少の一途をたどり、2018年には全国の市区で6番目の減少数を記録。とくに20代の若者が就職を機に、どんどん新潟市を後にするので、少子高齢化に拍車がかかり、高齢化率は全国政令市のなかで、北九州市、静岡市に次いで3番目に高い。

では、いったいなぜ若者は新潟市を巣立っていってしまうのだろうか。もっともわかりやすい理由は「魅力のある就職先がないから」である。2021年卒の大学生の就きたい職業を調査したアンケートによると、１位は地方公務員、2位は国家公務員と安定志向が目立つものの、３位にはグーグル、５位にアマゾン、６位にＬＩＮＥなど、ＩＴ大手がトップ10に食い込んでいる。さらに、職種に広げてみると、１位事務系職種、２位医療系職種、３位研究・生産などの技術系、４位警察官・保育士などの専門職、５位編集・デザイナーなどのクリエイティブ職となっている。

こうしてみると、新潟市でも公務員にはなれるし、事務系職種だってそれなりにある。足りないのはＩＴ系など、ベンチャー志向の強い企業だったり、クリエイティブ職ぐらいだろうか。確かに、市内の産業はサービス業と製造業に偏っているが、都内より倍率も低いし、競争が少なくて済む。安定志向であれば働きやすいようにも思う。市内で就職するなんて言ったら、両親や周囲の大人たちは大喜びだろう。誰もが口をそろえて言うほど「魅力のある就職先がない」わけではなさそうだ。

だが、市内の若者に話を聞くと、職種というよりも「市内で就職する」ということ自体に抵抗感があるように感じた。ある20代男性は「大学まで出て新潟市内で就職する人は、能力がない人間だと言われる。これマジですよ」と、真剣なまなざしで語ってくれた。彼は大学には行かず、専門学校を出て市内に就職したが、お兄さんは大卒だったそうで、「市内で就職なんて頭になかったって言ってました」という。

また、家の都合で東京からUターンしてきた30代男性は「僕は東京でも埼玉でも就職しましたが、新潟では都会の企業とちがって地元のしがらみが強いんです。だから家の出とか出身高校とかで評価されるような古い体質がいまだに残っている。その辺は窮屈に感じます」という。

確かに、市内の教職員は学閥に縛られたりもしているし、新潟はコミュニティへの帰属意識が強い。いまだに農家の長男は実家を継ぐという意識が残されていたりもする。育ってきた環境から何も変化がなく、自分の実力を試すようなチャンスを得がたい。だからこそ、上昇志向の強い人材はどんどん新潟を後にしてしまうのだ。

つまり、魅力ある「就職先」がないのではなく、魅力を感じられる「職の環境」がないのだとも言い換えられる。

若者の「上京志向」は今に始まったことではない

こうした傾向は地方都市にはありがちで、よく聞く話でもある。ただ、新潟市の場合は、田中角栄が築いた上越新幹線や各種高速道路網によって、東京圏へのアクセスがバツグンにいい。日本海側では唯一無二といっても過言ではない交通網を築いている。それによって新潟市民は東京へと遊びに行く機会も少なくなく、親近感がことさらに強い。新潟市民の意識が、北陸でもなく東北でもなく、関東甲信越という地域区分に執着するのも、東京への親近感ゆえである。そのため、北陸の他都市よりも、新潟市民は地理的にも精神的にも上京を選ぶのである。

似たようなアクセス条件をもつ都市に仙台市が挙げられるが、仙台市の場合は「東北の盟主」という強い自負心があり、東北各県から人が集まるまぎれもないダム都市だ。東北のすべての道は仙台市に通じているといっても過言ではない。一方、新潟市は北陸圏随一の規模を誇りながらも、石川県や富山県とは仙台市ほどエリア内で密接な近隣関係を築けておらず、交流も乏しい（新潟が東京志向で、石川・富山・福井が関西・中部志向というのもあるだろう）。そのうえ「北陸の盟主」は金沢市が欲しいままにしている。結局、新潟市は県内他市から人を集めるプチダム都市にしかなりえず、東京というビッグシティへの放水量が圧倒的に多くなってしまうのだ。

職を取り巻く環境に地理的条件など、新潟市の人口流出は難題ばかりで抜本的な解決をするのは難しい。いくら工業団地を作って雇用を創出しても、長年若い世代に受け継がれてきた「上京志向」を断ち切るのは、ほぼ不可能といっていい。

では、このまま指を咥えて見ているしかないのだろうか。答えは否である。時間はかかるかもしれないが、「若者が市内に残る意義」を改めて見出し、それを伸ばしていくしかない。次項ではこれまで論じてきた問題点を統括して、新潟市が進むべき未来を模索していきたい。

新潟市は18歳までの若者が転入超過で、20〜24歳の若者が転出超過。学生が在学期間しかとどまらないのが大きな問題である

新幹線の開通以降、新潟市民の「上京志向」は高まるばかり。魅力的な仕事ができる環境を生み出せるかが人口減少解決へのカギ

繁栄の時代よ再び
市民目線の改造で活力を取り戻せ！

新潟市を覆う市民の失望感

今回、新潟市を取材していて強く感じたのは市民の失望感だ。自虐的な気質のせいもあるのかもしれないが、行政に希望が抱けず、若者たちの流出が止まらない現状を嘆く声が多かった。そのなかでも筆者の心に強烈に残っている言葉がある。それはある男性と新潟談義に花を咲かせていたときに飛び出した。

「そもそも新潟に80万都市は無理だったんだよ。合併してでかくなったたって、それだけで街の魅力が上がるわけじゃない。せめて各区との交流が増えればよかったんだろうけど、それもほとんどない。これじゃあ、何のために合併したのかわからないよね」

政令市移行の際、旧新潟市は「地方分権型」をうたい、合併した各都市の独立性を担保することを約束した。そのため、新津や豊栄、亀田といった現在の各区の主要都市はよくも悪くも合併前と何ら変わっていないし、各区で大規模な開発を行うことはなかった。その一方で、衰退していた古町に対するこだわりは異常なほどに強かった。ＢＲＴをいち早く実現させたのも、古町再生への一歩になると信じてやまなかったからだし、新潟駅前開発に熱心だったのも中心市街地の回遊性を高めて古町に人の流れを生み出そうとしたからだ。確かに、古町は伝統的な中心市街地だし、市民の愛着も強い。衰退を食い止めたいのは行政も市民も同じ思いだろう。市民が口にする「古町は終わった」という言葉には、寂しさと同時に何とか復活してほしいという願いが込められているようにも感じた。

だが、そのために行ってきた行政による施策はことごとく失敗に終わった。こうした現状を生み出した要因は、新潟市としてのまちづくりに明確なビジョンをもたなかったからではないだろうか。先導役であるはずの市政が行き当たりばったりの開発に終始し、響きのいいフレーズを使っては、あれやこれやと手をつけて、効果的な具体策を編み出せなかった。そのツケが回りまわって、市民の失望感に繋がっているように思うのだ。

的外れな開発はもうウンザリ！

そして今、新潟駅を中心とした中央区の大改造が進行している。万代口駅舎の建て替えが着工し、古町の大和跡地には古町ルフルが新たな顔としてオープン。さらに中央区の各所で大型マンションが建設されており、今後10年間で街並みは大きく変わるだろう。

だが、これだけの大規模再開発が行われているにもかかわらず、市民の反応は薄い。万代に巨大なアパホテルができることに関して意見をもらおうと思っても「へぇ〜、またそんなのできるんだ」と返ってくるだけ。本書シリーズでは再開発を幾度となく取り上げてきたが、中央区で今行われている再開発は、全国的に見てもかなりの大規模だ。あちこちで工事している様子は見ているはずなのに、市民がまったく関心を寄せていないのはどういうことか。

これは前市長の失政に対する失望感と取れなくもないが、何よりも地元民が必ずしもそれを重要だと感じていないことが原因ではないだろうか。いくらマンションができたって、それはプチセレブたちの興味を惹くだけで庶民には関係のない話。駅舎が変わると聞いて名残り惜しむ声はあるものの、肝心の新駅舎に対しては「南北で行きやすくなるのはいいことだと思うよ」ぐらいにしか捉えられておらず、興味は駅ビルにどんなテナントが入るかだけである。今行われている大改造のほとんどが、市民にとっては「どーでもいいこと」だらけなので、期待も関心も湧かないのである。

市民のワクワク感を取り戻して未来に羽ばたけ！

今の新潟市に足りないのは、市民のワクワク感ではないだろうか。本書では大改造の是非を問うてきたが、それらの開発が本当に市民のためになり、さらには希望を抱かせるものにならなければならない。その点で、今回の大改造はどれも市民目線になりきれていないように思う。中傷まじりの感情論に付き合うことはないが、今市民が何を思い、何を望んでいるのかをしっかりと把握することが街を改造するうえでのポイントになってくると思う。

そこで、筆者が取材で感じたことを挙げさせていただけるとすれば、市民がもっとも危機感を覚えているのは、人口減少によるにぎわいのなさだ。市民がこれほどの失望感を覚えているのは、新潟市に対する愛情の裏返しである。新潟市が大好きだから「もっといろんな人に来てもらってこの街を見て、好きになってほしい」と心底望んでいるのだと感じた。そのためには、やはり若者が定住し、活気あふれる街にすることが重要になる。

そこで、筆者が密かに期待を寄せているのは、古町ルフルにできる開志専門職大学のアニメ・マンガ学部である。これまで新潟市の大学生は、在学期間だけ市内に定住し、就職を機に上京してしまうのがスタンダードであった。しかし、このアニメ・マンガ学部は、こうした流れを断ち切るヒントになるように思う。たとえば、アニメ・マンガ関連の企業を優遇するような施策をして、実際に誘致できれば、卒業生はそのまま市内で就職することができる。ましてやアニメ・マンガ産業は人気も高いし、それこそ「魅力的な職」になりえるのではないだろうか（都内の制作会社の待遇は酷いが）。

これまで、新潟市ではアニメ・マンガを観光振興に利用してきた。アニメ・マンガ関連の施設を作ったのもその一環だ。いずれも負の遺産として捉えられているが、産業として盛り上げられることができれば、正の遺産へと転換することも不可能ではない。そのおかげで古町に若者が集うようになれば、それこそ古町再生につながるだろう。

このように、明確なビジョンをもってまちづくりをすれば、これまでマイナスでしかなかったものもプラスに変わることもある。BRTだって、LRTに転換し、当初の予定だった環状線が実現できれば市内の周遊が容易になり、今は隔絶されている鳥屋野潟へも行きやすくなる。プロ球団を誘致しても、気軽に市民が訪れやすくなり、アルビレックス新潟とともに市民の熱狂を呼び起こせるかもしれない。市民目線に立って、目標地点を定めれば、開発の方向性はおのずと定まるはず。すべてのピースがうまくはまれば、新潟市が就職までの中継地点ではなく、最終地点になることだって夢じゃない。市民の信頼と期待を取り戻せれば、新潟市は大きく羽ばたけるはずだと、筆者は信じている。

あとがき

本書シリーズで執筆するようになってから早10年を迎えようとしている。その間、東西南北さまざまな政令市に赴いてきた。筆者はどちらかといえば東北や北陸の取材を任されることが多く、どこにいってもけっこう居心地がいい。もちろん、新潟市もそのひとつである。

なぜ居心地のよさを感じるかといえば、現段階での結論としては人間性が合うからだと思っている。近畿以西はどの県も強烈な個性を放っていて、それはそれで楽しいが、どうもキャラのちがいに戸惑うことがある。何でもかんでもオチをつけたがるし。対して、東北や北陸はマイペースで寡黙な人が多いけれど、いっしょに飲んでいると、妙にウマが合ってついつい飲みすぎてしまったりもする。発展しすぎていない街並みに溶け込んだ控えめな店の雰囲気にも好感がもてる。昭和の息吹を感じる昔ながらの食堂など見ると、ついつい入りたくなってしまう。派手さはないが、街のいたるところに地元民の暮らしを強く感じるのだ。

そのため、今回も毎晩新潟の夜を満喫した。最初の晩に訪れたのは、万代口で見かけた少しボロっとした居酒屋。「最初の1杯生ビール半額」という手書きの看板を見かけ、とてつもない興味を惹かれて、暖簾をくぐった。こういう店は地元民ばかりで、個人旅行者などはなかなか入りづらいかもしれない。しかし、そういう店にこそ、旅の醍醐味があると筆者は考えている。ためらうことなく暖簾をくぐると、店内は想像通り、昭和の食堂のような風情が漂っている。カウンターに客はいなかったが、奥の座敷では60～70代ぐらいのオッチャンたちが日本酒をやりながら、何やら世間話に花を咲かせていた。庶民的なおばんざい、何の変哲もない焼き鳥、そしてテレビから流れるスポーツ中継。そのすべてが完璧であった。結果として、この店でひとりのジェントルマンと出会い、新潟の実情をいろいろと聞かせてもらった。やはり、この店とも、偶然出会ったジェントルマンともウマが合った。つかず離れず、適度な距離感、適度なほろ酔い。そんな日常的なワンシーンだったが、新潟市を肌で感じることができた。新潟市には問題が山積である。しかし、新潟市民にはあふれるほどの人情を感じた。そんな庶民派な新潟市民が筆者は大好きである。

参考文献

・田中圭一ほか
『新潟県の歴史』 山川出版社 ２０１２年
・伊藤充
『新潟県 県民性の歴史』 新潟日報事業社 ２０１８年
・新潟郷土史研究会
『意外と知らない新潟県の歴史を読み解く！ 新潟「地理・地名・地図」の謎』 実業之日本社 ２０１５年
・祖父江孝雄
『県民性の人間学』 筑摩書房 ２０１２年
・篠田昭
『新潟力 歴史から学ぶ政令市像』
新潟日報事業社 ２００４年
・大田明子
『おもしろえちご塾』 恒文社 ２００３年
・新潟日報社編
『政令市時代 あすの新潟』 新潟日報事業社 ２００７年
・新潟日報社編
『新潟市まるわかり便利帳』 新潟日報事業社 ２００７年
・東洋経済新報社
『都市データパック』 東洋経済新報社 ２０１９年
・新潟市監修／編
『鉄道と新潟』 新潟日報事業社 ２０１４年
・五百川清ほか
『新・にいがた歴史紀行１ 新・新潟市』
新潟日報事業社 ２００４年
・新潟市
『新潟港のあゆみ 新潟の近代化と港』
新潟日報事業社 ２０１１年
・井上繁
『日本まちづくり事典』 丸善 ２０１０年
・木原誠太郎＋ディグラム・ラボ県民性研究会
『ケンミンまるごと大調査』 文藝春秋 ２０１３年
・浅井健一郎
『アルビレックス新潟あるある』
ＴＯブックス ２０１４年

【サイト】

・新潟県
https://www.pref.niigata.lg.jp/

・新潟市
https://www.city.niigata.lg.jp/

・中央区
https://www.city.niigata.lg.jp/smph/chuo/index.html

・東区
https://www.city.niigata.lg.jp/higashi/

・西区
https://www.city.niigata.lg.jp/smph/nishi/index.html

・北区
https://www.city.niigata.lg.jp/smph/kita/index.html

・秋葉区
https://www.city.niigata.lg.jp/akiha/

・南区
https://www.city.niigata.lg.jp/smph/minami/index.html

・西蒲区
https://www.city.niigata.lg.jp/smph/nishikan/index.html

・内閣府
https://www.cao.go.jp/

・総務省
https://www.soumu.go.jp/

・厚生労働省
https://www.mhlw.go.jp/index.html

・e-Stat 政府統計の総合窓口
https://www.e-stat.go.jp/

・毎日新聞
https://mainichi.jp/

・新潟日報モア
https://www.niigata-nippo.co.jp/

・ダイヤモンド・オンライン
https://diamond.jp/

●編者

鈴木ユータ

1982年、千葉県生まれ。全国各地を巡る実地取材系ライター。最近では雑居ビルマニアなんて呼ばれたりもしている。新潟市に何度か訪れたことはあったものの、これほど市内をじっくり回ったのは初めて。どこに行っても温かく迎え入れてくれて、心を開いてくれた新潟市民の皆さんには、都会の喧騒に疲れた筆者の心をさんざん癒してもらった。唯一の心残りは、取材の工程ゆえに岩室温泉に入れなかったこと。今度はゆっくり観光で行きます!!

地域批評シリーズ59　これでいいのか 新潟県 新潟市

2021 年 1 月 18 日　第 1 版　第 1 刷発行

編　者　鈴木ユータ
発行人　子安喜美子
発行所　株式会社マイクロマガジン社
〒 104-0041　東京都中央区新富 1-3-7 ヨドコウビル
TEL 03-3206-1641　FAX 03-3551-1208（販売営業部）
TEL 03-3551-9564　FAX 03-3551-0353（編　集　部）
https://micromagazine.co.jp
編　集　岡野信彦 / 清水龍一
装　丁　板東典子
イラスト　田川秀樹
協　力　株式会社エヌスリーオー / 髙田泰治
印　刷　図書印刷株式会社

※本書の内容は 2020 年 11 月 30 日現在の状況で制作したものです。
※本書の取材は新型コロナウイルスによる緊急事態宣言の発令前と、移動自粛要請が緩和された後に行っています。

2021 Printed in Japan　ISBN　978-4-86716-101-2　C0195

せられるのか悩みに悩んでいました。

そんな中、助けてくださったのは担当編集者様でした。「これをこうして、こうじゃ！」と物語の順序を整えてくださったことでインパクトの強い今の形となり、自分でもヨシ！　と感じることができました。素晴らしき担当様の手腕！　ありがとうございました！

また、長谷川《はせがわ》先生のイラストは、キャララフの時点で期待値爆上がりだったのですが、表紙イラストが出来上がってみれば、ヒーローの胸の谷間がくっきり描かれているではありませんか！　ヒロインならまだしも、ヒーローの胸の谷間ってどういうこと⁉　と私は歓喜しました。ウヒョーです。オッホーです。ありがとうございました！

そして最後に読者の皆様！　本当に本当に、心から感謝申し上げます。

これからも、笑えて泣けてキュンとくる、そんな感じの楽しいお話を書いていく予定です。雨にも風にも災害にも子の反抗期にも負ケズ、頑張りますので引き続きお付き合い頂けますと嬉しいです。

それではまた、次回作でお会いしましょう！

葛城阿高

ロイヤルキス文庫 more をお買い上げいただきありがとうございます。
先生方へのファンレター、ご感想は
ロイヤルキス文庫編集部へお送りください。

〒102-0073　東京都千代田区九段北3-2-5　5F
株式会社Jパブリッシング　ロイヤルキス文庫編集部
「葛城阿高先生」係　／　「長谷川ゆう先生」係

✦ロイヤルキス文庫HP✦ http://www.j-publishing.co.jp/tullkiss/

Royal Kiss more

聖なる皇帝がとんだ隠れ絶倫だった件

2024年2月29日　初版発行

著　者　葛城阿高

発行人　藤居幸嗣

発行所　株式会社Jパブリッシング
〒102-0073　東京都千代田区九段北3-2-5　5F
TEL　03-3288-7907
FAX　03-3288-7880

印刷所　中央精版印刷株式会社

ISBN978-4-86669-651-5　Printed in JAPAN